莫萨营销口才系列

服装、鞋帽、箱包直播带货

超级口才训练

程淑丽·编著

电子工业出版社
Publishing House of Electronics Industry
北京·BEIJING

内 容 简 介

这是一本指导主播如何进行服装、鞋帽、箱包直播带货的图书。本书旨在帮助主播训练个人的超级口才，以便为其打下坚实的直播销售基础，使其在直播销售服装、鞋帽、箱包时能够旗开得胜，业绩长虹。

本书设计打造了56个直播情景，精选了多种服装、鞋帽、箱包来进行模拟直播销售，提炼出了直播销售时的168个关键错误、97条经典语句和72个句式模板，总结了40种应答问题方法和15个开场介绍核心要点。通过环环相扣的直播销售训练来提升、强化主播在销售服装、鞋帽、箱包时的口才。

本书适合服装、鞋帽、箱包类直播带货的主播阅读，也可以作为服装、鞋帽、箱包类企业销售人员和销售管理者的参考读物。

未经许可，不得以任何方式复制或抄袭本书之部分或全部内容。
版权所有，侵权必究。

图书在版编目（CIP）数据

服装、鞋帽、箱包直播带货超级口才训练 / 程淑丽编著. — 北京：电子工业出版社，2024.6
（莫萨营销口才系列）
ISBN 978-7-121-47894-9

Ⅰ.①服… Ⅱ.①程… Ⅲ.①网络营销－口才学 Ⅳ.①F713.365.2②H019

中国国家版本馆CIP数据核字（2024）第102262号

责任编辑：张　毅
印　　刷：三河市鑫金马印装有限公司
装　　订：三河市鑫金马印装有限公司
出版发行：电子工业出版社
　　　　　北京市海淀区万寿路173信箱　邮编：100036
开　　本：787×980　1/16　印张：16.25　字数：282千字
版　　次：2024年6月第1版
印　　次：2024年6月第1次印刷
定　　价：69.00元

凡所购买电子工业出版社图书有缺损问题，请向购买书店调换。若书店售缺，请与本社发行部联系，联系及邮购电话：（010）88254888，88258888。
质量投诉请发邮件至zlts@phei.com.cn，盗版侵权举报请发邮件至dbqq@phei.com.cn。
本书咨询联系方式：（010）68161512，meidipub@phei.com.cn。

前 言

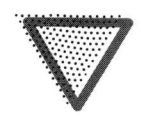

如今，直播带货已成为一种独具魅力和影响力的销售方式，消费者的目光被它吸引，有志之士也前赴后继地冲入这股浪潮。《服装、鞋帽、箱包直播带货超级口才训练》正是针对直播带货从业人员和有意从事这一行业的人们而编写的。

它是一本系统的、全面的训练指南，旨在帮助您掌握各种开场技巧、留人策略、推介重点、互动话题、打动要点、答疑方法、催单时机和结尾方式，从而使您在服装、鞋帽、箱包的直播带货中脱颖而出，取得优秀的业绩。

本书立足实践，以可训练、快提升、高业绩为出发点，设计了56个直播情景，选取了多种服装、鞋帽、箱包，用模拟直播销售的方式带您走进实战，让您身临其境，感受真实的直播挑战！

我们从模拟情景训练中提炼出168个关键错误、97条经典语句和72个句式模板。此外，我们还总结了40种应答问题方法和15个开场介绍核心要点，旨在为您提供实用、专业、有针对性的训练工具，让您的口才得到规范化、系统化的提升。

直播销售并不是简单的说说话，而是一门融合艺术与科学的学问。因此，我们特别设计了独特的训练方法，通过"痛点痒点这样抓"+"应答问题这样想"+"互动催单这样讲"+"关键过错不要犯"，帮助您在模拟的真实直播情景中不断实践。同时，我们还整理了经典语句、句式模板和结尾样例，帮助您快速掌握语言艺术，建立直播销售语言逻辑。此外，在直播带货的过程中，解答观众问题和排除观众异议也是主播必须掌握的核心能力，我们分别给您准备了答疑方法和应答思路，通过点对点的针对性训练，帮助您补足薄弱项，提高直播销售的整体能力。

无论您是初入直播带货行业的新人,还是已经在其中摸爬滚打多年的老人,阅读此书并结合不断的实践,相信您都能更加准确地把握客户的真正购买点,一开口便能留住观众持续观看,一开口就能顺利激发观众的购买欲望。

　　我们用心打造了这本书,希望它能够为您提供满意的服装、鞋帽、箱包直播带货口才训练与提升方案,希望它能成为您的口才进阶指南。

　　本书在创作中难免有疏漏与不足之处,恳请您批评指正。

目 录

第 1 章 开场三会：会吸引，会介绍，会表达 / 1

1.1 会吸引：开场 5 式 / 2
- 1.1.1 情景 1：利益式吸引 / 2
- 1.1.2 情景 2：痛点式吸引 / 4
- 1.1.3 情景 3：讲解式吸引 / 7
- 1.1.4 情景 4：对比式吸引 / 9
- 1.1.5 情景 5：演示式吸引 / 11

1.2 会介绍：介绍 5 要 / 14
- 1.2.1 情景 6：要说出功能和价值 / 14
- 1.2.2 情景 7：要击中痛点和需求 / 16
- 1.2.3 情景 8：要强调品质和品牌 / 19
- 1.2.4 情景 9：要点明场合和情境 / 21
- 1.2.5 情景 10：要说明个性和不同 / 24

1.3 会表达：直播开场介绍核心要点 / 27
- 1.3.1 服装直播开场介绍核心要点 / 27
- 1.3.2 鞋帽直播开场介绍核心要点 / 29
- 1.3.3 箱包直播开场介绍核心要点 / 30

1.4 语句示范：直播开场经典语句 / 32
- 1.4.1 服装直播开场经典语句 / 32
- 1.4.2 鞋帽直播开场经典语句 / 33
- 1.4.3 箱包直播开场经典语句 / 33

第 2 章 留人三讲：讲福利，讲折扣，讲痛点 / 35

2.1 讲福利：福利留人 3 惠 / 36
- 2.1.1 情景 11：定时抽奖免费送 / 36
- 2.1.2 情景 12：1+1 套餐限量送 / 38
- 2.1.3 情景 13：介绍购买返优惠 / 40

2.2 讲折扣：折扣留人 3 法 / 43
- 2.2.1 情景 14：数量折扣法 / 43
- 2.2.2 情景 15：季节折扣法 / 45
- 2.2.3 情景 16：节日折扣法 / 48

2.3 讲痛点：痛点留人 3 问 / 50
- 2.3.1 情景 17：你是一个追赶潮流与时尚的人吗 / 50
- 2.3.2 情景 18：你是一个适应场合与讲究的人吗 / 53
- 2.3.3 情景 19：你是一个不断改变与有个性的人吗 / 56

2.4 语句示范：直播间留人经典语句 / 59
- 2.4.1 喊话路人的经典语句 / 59
- 2.4.2 留住互动者的经典语句 / 59

2.5 句式总结：直播间留人句式模板 / 60
  2.5.1 留住路人，渲染气氛的句式 / 60
  2.5.2 留住粉丝，福利折扣式句式 / 61
  2.5.3 留住互动者，痛点激发式句式 / 61

第3章 推介三谈：谈物美，谈价廉，谈品牌 / 63

3.1 谈物美：产品介绍的3个维度 / 64
  3.1.1 情景20：价值介绍 / 64
  3.1.2 情景21：材质介绍 / 66
  3.1.3 情景22：款式介绍 / 69

3.2 谈价廉：价格介绍的3个说明 / 72
  3.2.1 情景23：为什么打折销售 / 72
  3.2.2 情景24：为什么降价促销 / 74
  3.2.3 情景25：为什么你觉得贵 / 77

3.3 谈品牌：品牌宣讲的3个强调 / 79
  3.3.1 情景26：强调时间和历史 / 79
  3.3.2 情景27：强调广告和代言 / 82
  3.3.3 情景28：强调同款和正品的区别 / 84

3.4 语句示范：直播间产品介绍经典语句 / 88
  3.4.1 服装、鞋帽、箱包现场演示类经典语句 / 88
  3.4.2 服装、鞋帽、箱包材质介绍类经典语句 / 89
  3.4.3 服装、鞋帽、箱包品牌故事类经典语句 / 90

3.5 句式总结：产品介绍句式模板 / 90
  3.5.1 FABE 句式 / 90
  3.5.2 AIDA 句式 / 91
  3.5.3 NFABI 句式 / 92

第4章 互动三抓：抓话题，抓问题，抓心理 / 95

4.1 抓话题：拉近距离 / 96
  4.1.1 情景29：美丽话题 / 96
  4.1.2 情景30：场合话题 / 98
  4.1.3 情景31：时尚话题 / 101
  4.1.4 情景32：个性话题 / 104
  4.1.5 情景33：商务话题 / 107

4.2 抓问题：取得信任 / 109
  4.2.1 情景34：材质问题 / 109
  4.2.2 情景35：品牌问题 / 112
  4.2.3 情景36：价格问题 / 114
  4.2.4 情景37：退换问题 / 117

4.3 抓心理：产生心流 / 120
  4.3.1 情景38：个性心理 / 120
  4.3.2 情景39：品牌心理 / 124
  4.3.3 情景40：人际心理 / 127
  4.3.4 情景41：价格心理 / 130

4.4 语句示范：直播间互动话题经典语句 / 133
  4.4.1 时尚潮流类经典语句 / 133
  4.4.2 品质品牌类经典语句 / 134
  4.4.3 价格价值类经典语句 / 134

4.5 句式总结：直播间互动话题句式模板 / 135
  4.5.1 解答类句式 / 135
  4.5.2 赞美类句式 / 135

目录

第 5 章 说服三用：用数据，用演示，用案例 / 137

5.1 用数据：说明论证 / 138
- 5.1.1 结论讲解法 / 138
- 5.1.2 对比分析法 / 138
- 5.1.3 权威报告法 / 139

5.2 用演示：促动购买 / 140
- 5.2.1 情景 42：箱包功能演示 / 140
- 5.2.2 情景 43：服装材质演示 / 143
- 5.2.3 情景 44：鞋帽搭配演示 / 145

5.3 用案例：现身说法 / 147
- 5.3.1 顾客推介法 / 147
- 5.3.2 名人效应法 / 148
- 5.3.3 销售数量法 / 149

5.4 语句示范：直播间说服经典语句 / 149
- 5.4.1 数据说服经典语句 / 149
- 5.4.2 演示说服经典语句 / 150
- 5.4.3 案例说服经典语句 / 151

5.5 句式总结：直播间说服句式模板 / 151
- 5.5.1 数据说服句式 / 151
- 5.5.2 演示说服句式 / 152
- 5.5.3 案例说服句式 / 153

第 6 章 打动三要：要煽情，要正名，要走心 / 155

6.1 要煽情：点燃其"情" / 156
- 6.1.1 情景 45：直接调动法 / 156
- 6.1.2 情景 46：激情购买法 / 159
- 6.1.3 情景 47：瞬间秒没法 / 162

6.2 要正名：辩证其"名" / 165
- 6.2.1 名牌 / 165
- 6.2.2 名款 / 166
- 6.2.3 名人 / 166

6.3 要走心：善通其"求" / 167
- 6.3.1 情景 48：求美心理 / 167
- 6.3.2 情景 49：求新心理 / 171
- 6.3.3 情景 50：求廉心理 / 174

6.4 语句示范：直播间打动顾客经典语句 / 177
- 6.4.1 点燃情绪经典语句 / 177
- 6.4.2 辩证其名经典语句 / 177
- 6.4.3 直击心理经典语句 / 178

6.5 句式总结：直播间打动顾客句式模板 / 179
- 6.5.1 点燃情绪的句式 / 179
- 6.5.2 辩证其名的句式 / 179
- 6.5.3 直击心理的句式 / 180

第 7 章 答疑三法：直接法，间接法，反问法 / 181

7.1 直接法：直解其疑 / 182
- 7.1.1 直接认同法 / 182
- 7.1.2 直接驳正法 / 183
- 7.1.3 直接推理法 / 183
- 7.1.4 直接验证法 / 184

7.2 间接法：绕道答疑 / 185
- 7.2.1 间接否认法 / 185
- 7.2.2 转化处理法 / 186
- 7.2.3 借力打力法 / 187

7.3 反问法：反问释疑 / 189
- 7.3.1 肯定型反问法 / 189
- 7.3.2 疑问型反问法 / 190
- 7.3.3 层递型反问法 / 190

7.4 语句示范：答疑经典语句 / 191
- 7.4.1 直接法经典语句 / 191
- 7.4.2 间接法经典语句 / 192
- 7.4.3 反问法经典语句 / 193

7.5 句式总结：答疑经典句式模板 / 193
- 7.5.1 直接法经典句式 / 193
- 7.5.2 间接法经典句式 / 194
- 7.5.3 反问法经典句式 / 195

第8章 赞美三有：有颜值，有气质，有衣品 / 197

8.1 有颜值：非帅即美 / 198
- 8.1.1 赞美男士颜值 / 198
- 8.1.2 赞美女士颜值 / 199
- 8.1.3 赞美老年人颜值 / 199

8.2 有气质：优雅魅力 / 201
- 8.2.1 赞美男士穿搭气质 / 201
- 8.2.2 赞美女士穿搭气质 / 202
- 8.2.3 赞美老年人穿搭气质 / 203

8.3 有衣品：品位时尚 / 204
- 8.3.1 赞美男士的衣品好 / 204
- 8.3.2 赞美女士的衣品好 / 205
- 8.3.3 赞美老年人的衣品好 / 206

8.4 语句示范：赞美的经典语句 / 208
- 8.4.1 赞美颜值的经典语句 / 208
- 8.4.2 赞美气质的经典语句 / 209
- 8.4.3 赞美衣品的经典语句 / 209

8.5 句式总结：赞美的经典句式模板 / 210
- 8.5.1 赞美颜值的经典句式 / 210
- 8.5.2 赞美气质的经典句式 / 211
- 8.5.3 赞美衣品的经典句式 / 211

第9章 催单三对：时机对，方式对，节奏对 / 213

9.1 时机对：选对时机 / 214
- 9.1.1 观众询问我们价格的时机 / 214
- 9.1.2 观众询问我们数量的时机 / 215
- 9.1.3 观众询问我们物流的时机 / 216

9.2 方式对：选好方式 / 218
- 9.2.1 情景51：正面催单 / 218
- 9.2.2 情景52：反面催单 / 220
- 9.2.3 情景53：进度催单 / 222

9.3 节奏对：注意节奏 / 225
- 9.3.1 时间性催单 / 225
- 9.3.2 阶段性催单 / 226
- 9.3.3 针对性催单 / 228

9.4 语句示范：催单经典语句 / 230
- 9.4.1 催单时机选择经典语句 / 230
- 9.4.2 催单方式选择经典语句 / 231

9.5 句式总结：催单经典句式模板 / 231
- 9.5.1 催单时机选择经典句式 / 231
- 9.5.2 催单方式选择经典句式 / 232

第 10 章　结尾三式：促单式，感恩式，预告式 / 233

10.1　促单式结尾 / 234
10.1.1　情景 54：最后一批 / 234
10.1.2　情景 55：最后一款 / 236
10.1.3　情景 56：最后一次 / 238

10.2　感恩式结尾 / 241
10.2.1　故事式感恩结尾 / 241
10.2.2　段子式感恩结尾 / 242
10.2.3　致谢式感恩结尾 / 243

10.3　预告式结尾 / 244
10.3.1　场次预告式结尾 / 244
10.3.2　优惠预告式结尾 / 245
10.3.3　消息预告式结尾 / 245

10.4　语句示范：直播结尾经典语句 / 246
10.4.1　促单式结尾经典语句 / 246
10.4.2　感恩式结尾经典语句 / 247

10.5　句式总结：直播结尾句式模板 / 248
10.5.1　促单式结尾经典句式 / 248
10.5.2　感恩式结尾经典句式 / 249

第 1 章

开场三会：
会吸引，会介绍，会表达

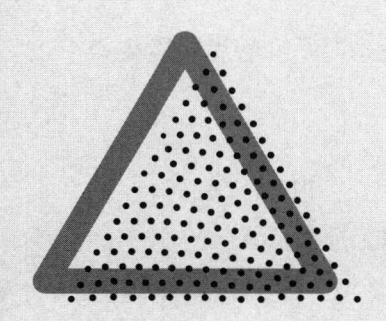

1.1 会吸引：开场5式

1.1.1 情景1：利益式吸引

【痛点痒点这样抓】

1. 质疑优惠福利的真假：具体有什么优惠活动？9折是真的还是假的？除了9折还有其他活动吗？

2. 询问产品质量的好坏：棉麻混纺的面料质量咋样？

3. 好奇是否百搭：怎么搭配好看？

某潮流女裤直播间正在展示几款新款女裤。正值换季时节，主播小蜜一开场就准备了一些活动，想通过优惠福利吸引大家在直播间停留。直播间的观众一边看直播一边与主播进行了积极互动，大部分观众都对女裤的款式、面料、搭配、活动、价格等内容非常感兴趣。

【应答问题这样想】

1. 观众质疑优惠福利的真假怎么办？

观众关注福利活动，可能有购买意愿，主播要详细介绍清楚活动的规则和具体参与方式。

2. 观众询问产品质量的好坏怎么办？

观众对产品质量好坏进行询问，说明优惠活动吸引了观众，但可能他们担心"便宜没好货"，主播要详细介绍产品的材质情况，把利益和品质紧密结合起来。

3. 观众好奇产品是否百搭怎么办？

主播要多列举一些搭配例子给观众参考。

第 1 章　开场三会：会吸引，会介绍，会表达

💬【互动催单这样讲】

1. 观众质疑优惠福利的真假怎么做？

主播：直播间的家人们，大家好！欢迎来到潮流女裤官方直播间！做优雅女人，选××女裤！

弹幕1：看看有什么好货！

主播：各位家人们想必都在寻找适合自己的女裤吧，那大家来这真是来对地方了！今天我给大家带来了一款超级火爆的潮流女裤。它不仅款式时尚，面料穿着舒适，而且有超级划算的活动哦！

弹幕2：具体什么活动？

主播：大家都知道我们家女裤的品质非常好，大家平时都很喜欢，所以呢，这次换季新品上市啊，我们特别为大家准备了一个惊喜，只要在直播间下单的，不管买多少件，都可以享受9折优惠！

弹幕3：9折？真的假的？

主播：当然是真的啦！咱们直播间有多种颜色和尺码的女裤可供选择，无论你是什么身材、什么风格，都能找到适合的那一条。面料都是高档棉麻混纺的，非常柔软透气，让你穿起来舒服又显瘦。

弹幕4：除了9折还有别的活动吗？

主播：换季开播第一天，今天来看直播的家人们看到就是赚到。除了9折活动，咱们直播间今天点赞总数每突破十万我们就会进行一轮抽奖，每轮抽3个免单名额！

2. 观众询问产品质量的好坏怎么做？

弹幕：棉麻混纺的面料质量咋样？

主播：棉麻混纺这种面料不仅耐用，还有很好的抗皱性和吸湿性，春夏秋冬季节都能穿。

3. 观众好奇产品是否百搭怎么做？

弹幕1：怎么搭配？

主播：这款裤子的风格时尚简约，无论是搭配T恤、衬衫、毛衣还是外套都能轻松驾驭。

弹幕2：你身上搭配得还不错。

主播：咱们热度一到5万我就给大家换一套搭配试穿看看哟！热度一到10万，我们马上抽免单名额给到大家！活动只有今天有！只有直播间有！错过今天，错过本场直播，机会不再有！还在犹豫的家人们赶快抓住机会哟！

……………

⚠【关键过错不要犯】

1. 主播要事先告知直播间观众一个明确的活动结束的时间，不要让观众觉得随时都有优惠，要营造开播抢单紧迫感。

2. 主播要注意突出女裤的卖点和优势，不要只说价格不说品质，要让观众感受到女裤的价值。

3. 直播间开播人气不高时，主播不要一次性把所有活动说完，要留有余地，一步一步地吸引观众停留，进行进阶式吸引。

1.1.2 情景2：痛点式吸引

▶【痛点痒点这样抓】

1. 询问产品的具体设计：具体有什么巧思设计？
2. 询问产品的颜色：什么颜色的背包好看？
3. 共鸣主播痛点问题：这些痛点应该很常见！

某旅行背包品牌直播间正在销售几款旅行背包。正值暑假旅游旺季，主播小杰通过展示背包的一些设计细节和大家互动，向直播间的观众直观展示背包的优势。小杰还列举了一些旅行背包的常见痛点，引发了观众的共鸣，他们都对旅行背包的容量、功能、耐用性、安全性等方面非常感兴趣。

💻【应答问题这样想】

1. 观众询问产品的具体设计怎么办？

观众关注旅行背包的具体设计，可能有购买意愿，主播要详细介绍清楚背包的功能性设计，展示背包的设计巧思。

2. 观众询问产品什么颜色好看怎么办？

主播要结合观众的实际需求、喜好给到观众最真实有效的推荐。

3. 观众共鸣主播痛点问题怎么办？

暑假旅游旺季，直播间观众自然而然会关注旅行背包的选择，主播在直播开场就要突出该类产品的痛点，要把痛点和本直播间产品对痛点的解决方案紧密结合起来。

💬【互动催单这样讲】

1. 观众询问产品的具体设计怎么做？

主播：各位家人们想必都在计划着暑假的旅行吧，那大家走过路过别错过咱们××直播间的旅行背包哟。今天我给大家带来了一款超级实用的旅行背包，它不仅容量大，功能多，而且有很多巧思设计，能让你的旅行更轻松！

弹幕：具体有什么巧思设计？

主播：大家看，这就是我们今天要推荐给大家的旅行背包。它的容量非常大，可以装下你所有的出行必需品。它还有很多功能性的设计，比如面料防水防刮，有防盗密码锁，最最重要的是我们在这个地方给大家设计了一个USB充电口。手机等电子设备没电时，我们走在路上在包里翻翻找找充电宝特别麻烦，而这个充电口就可以快速解决充电问题！

2. 观众询问产品什么颜色好看怎么做？

弹幕：哇！什么颜色的好看？

主播：我用的是黑色的，我觉得黑色很百搭、很经典。当然你们也可以选择其他颜色，比如蓝色、灰色等。我们的背包颜色都是经过精心挑选和搭配的，不会褪色也不会过时。

3．观众共鸣主播痛点问题怎么做？

主播：家人们，假期即将来临，我准备去西藏啊，我一直想去那里看看。大家都有什么旅行的目的地吗？

弹幕1：我想去海南，听说那里很美！

主播：海南也很好啊，那里的海滩和阳光都很诱人。不过你们知道吗，无论你们去哪里旅游，都会面对一个很重要的问题，那就是对箱包的选择。你们有没有遇到过这样的情况：自己拿着一个大大的行李箱，走在人来人往的街道上，感觉很累很麻烦？或者拿着一个小小的手提包，发现装不下你想带的东西，感觉很无奈？

弹幕2：我有啊，上次出去玩坐车过安检的时候箱子一下就被挤开了，里面的东西都掉出来了，好尴尬！

弹幕3：这些痛点应该很常见！

主播：哎呀，这种情况真是太常见了，我也经历过。所以呢，我今天给大家推荐的这款旅行背包，就是为了解决这些痛点而设计的。它不仅容量大、功能多，而且非常轻便，我们可以把它随时随地背在身上，不用担心被挤、被碰、被偷。它还可以根据需要调节大小和形状，可以当作手提包、背包、斜挎包等。你们看这个视频，这就是我们这款旅行背包的使用示范，是不是很方便呢？

…………

⚠【关键过错不要犯】

1．主播要注意突出旅行背包的设计巧思和优势，要让观众感受到此款旅行背包的实用性和价值。

2．主播不要过分夸大旅行背包的效果，主播提出的痛点问题应该都是符合现实情况的，介绍的背包优势也要符合常理。

3．主播不要贬低其他同类产品的劣势，以此来突出自己产品的优势。

1.1.3 情景3：讲解式吸引

【痛点痒点这样抓】

1. 关注服装的风格、品质：今天介绍的服装啥风格？品质好吗？
2. 质疑面料是否是真羊毛：是真羊毛材质吗？
3. 询问尺码：主播你多高、多重啊？

某西服直播间正在销售几款新款西服，主播小华拿起一款品牌西服，向观众详细地讲解和演示。直播间观众对主播不停地点赞并与主播互动，他们都对西服的面料、剪裁、颜色、搭配等内容非常感兴趣。

【应答问题这样想】

1. 观众关注服装的风格、品质怎么办？

观众对西服的品质和风格非常关注，说明对西服有一定的了解，主播可及时与观众互动，讲解品牌的相关知识，提高观众对品牌的信任度和认可度。

2. 观众质疑面料是否是真羊毛怎么办？

观众质疑真假羊毛时，主播一定要第一时间处理回复，要立马打消观众对材质问题的疑虑，留住更多观众。

3. 观众询问尺码怎么办？

观众关注尺码，可能对购买该西服有一定意向，主播可以结合自身的情况回答。

【互动催单这样讲】

1. 观众关注服装的风格、品质怎么做？

主播：晚上好，欢迎各位来到我们××品牌直播间，买高品质西服还得看××品牌官方授权的直播间。今天呢，主播给大家准备了非常多的精彩内容，大家千万不要走开！

弹幕1：今天介绍的服装有啥风格的？

弹幕2：今天有啥新花样？

主播：××品牌西服，重磅来袭，无论你是我们××品牌的老粉，还是新粉，今天一定要持续待在咱们直播间观看！

弹幕3：品质好吗？

弹幕4：快介绍××品牌西服，一直想买，没等到活动！

主播：××这个品牌大家都很熟悉吧？品质不用我多说，是西服经典国际品牌之一！这可是能屹立十几年不倒的西服中的"老字号"品牌！像我身上的这件热卖爆火的西服我就一直在穿着它。在这里给大家一个特写镜头，这件西服是用优质羊毛面料制作的，非常柔软舒适，而且有很好的保暖性和透气性。

2. 观众质疑面料是否是真羊毛怎么做？

弹幕1：羊毛面料？听起来不错！

弹幕2：主播你穿这件西服太帅了！

主播：谢谢夸奖啦！其实我也是第一次看到它时就很喜欢，所以我赶紧买了一件，没想到效果这么好，真的是物超所值啊！

弹幕3：真羊毛材质吗？

主播：直播间的话几时有假？现在有几万人在线观看，随时可录屏留存记录，随时会被官方监控检查，我们的材质一定是是什么说什么的。

3. 观众询问尺码怎么做？

弹幕1：主播你多高、多重啊？

弹幕2：你穿多大码啊？

主播：我身高175厘米，体重65公斤，我穿的是M码的。你们可以根据自己的身材选择合适的尺码，不知道买什么尺码的可以将身高、体重发出来，主播一一解答哦！

…………

⚠【关键过错不要犯】

1. 主播不要一直干巴巴地讲解西服的细节，要将西服上身效果演示给观众，同时讲解西服的优点和特点。

2．主播要有条理、有逻辑地将产品的讲解和展示安排好，不要在话题上跳来跳去，让观众跟不上节奏。

3．讲解产品一定要贴近观众的需求和喜好，用生动形象的语言和动作来吸引观众，切忌讲解太专业或用太晦涩的词汇。

1.1.4　情景4：对比式吸引

【痛点痒点这样抓】

1．询问两件产品的区别：二者的区别是什么？区别真有这么大吗？

2．质疑对比是否公平：对比公平吗？你故意拿差距大的产品来对比吧？

3．关注搭配情况：有什么搭配推荐吗？能看现场实物搭配吗？

某羊毛外套直播间正在售卖几款新款羊毛外套，主播小彤邀请了两位模特，让她们分别穿着该品牌的羊毛外套和市面上的普通外套，向观众们展示两者的区别。直播间的观众非常好奇，对主播不停地提问，大家的提问基本与羊毛外套的保暖性、舒适性、时尚性等有关。

【应答问题这样想】

1．观众询问两件产品的区别怎么办？

观众对主播对比的内容关注，说明主播在直播间对比产品时可以吸引观众的兴趣，主播要利用对比的专业性不断提升直播间的人气。

2．观众质疑对比是否公平怎么办？

观众对产品对比的公平性非常关注，主播要及时回答观众的质疑，与观众互动，打消他们的疑虑，增加观众的兴趣和购买欲。

3．观众关注搭配情况怎么办？

关注搭配的观众一般对羊毛外套的时尚性非常热衷，说明其对羊毛外套的搭配和穿着效果有一定的要求，主播可以适当展示直播间里其他链接的服饰与外套的搭配方法，提升关联品的销售。

【互动催单这样讲】

1. 观众询问两件产品的区别怎么做？

主播：穿上羊毛外套，你就是这个冬天里最暖和的人。我今天给大家看看我们家的羊毛外套和市面上普通外套的区别，让大家感受下差距！

弹幕1：有什么区别？

弹幕2：你说说有什么好比较的？

主播：好好好，话不多说，主播现在给大家看看对比效果。我邀请了两位模特，分别穿着我们××品牌的羊毛外套和市面上的普通外套，给大家看看两者之间的区别吧。你们先猜猜哪一件更好看、更保暖呢？

弹幕3：当然是左边啦！

弹幕4：区别真有这么明显？

主播：好，那我们来看看具体的对比点吧。首先，我们来看看颜色。你们看左边的××品牌羊毛外套，颜色非常鲜艳明亮，很符合冬季的时尚潮流。而右边的普通外套，颜色比较暗淡沉闷，人看着没有那么有精神、有气质，你们说是不是？

弹幕5：是是是！

主播：其次，我们来看看剪裁。你们看左边的××品牌羊毛外套，剪裁非常合身修身，能够突出身材的曲线和人的气质。而右边的普通外套，剪裁比较松垮臃肿，没有什么版型和风格。你们说是不是？

弹幕6：左边的确实有版型一些！

主播：最后，我们来看看保暖性。你们看左边的××品牌羊毛外套，保暖性非常好，因为它是用优质澳洲羊毛制作的，羊毛是一种天然的保暖材料，能够有效地隔绝寒冷的空气，让你在冬天也感觉温暖舒适。而右边的普通外套，保暖性就差很多，因为它是用人造纤维制作的，人造纤维材质的外套虽然便宜，但是保暖性能很差，会让你感觉冷飕飕的。

2. 观众质疑对比是否公平怎么做？

弹幕：对比公平吗？你故意拿差距大的产品来对比吧？

主播：对比当然公平，因为咱家真材实料，你们现在隔着屏幕没办法感受到真正羊毛外套和普通外套的区别。我建议没试过的家人可以下单试试，试试不吃亏试试不上当，买回去一看便知直播间的对比真的超公平，差距大就是品质区别，不是主播故意营造效果！

3. 观众关注搭配情况怎么做？

弹幕1：有什么搭配推荐吗？

主播：关于羊毛外套的搭配其实有很多，大家可以点开购物车的三号链接，里边有很多图片都是跟咱家的其他款式搭配的造型。如果大家想看实物情况，可以发弹幕跟主播互动，主播待会让模特给你们搭配试穿！

弹幕2：我我我，我想看标号5的搭配！

…………

⚠【关键过错不要犯】

1. 主播在进行产品对比的时候，不能过分夸大自家产品的优点或者贬低竞对品牌的产品，避免带来不良舆论影响。

2. 主播要注意控制产品对比的时长和频率，不能一直进行对比而忽略了其他方面的内容介绍和互动，要适时地转换话题和氛围。

3. 主播要注意选择合适的对比对象和方式，不能用不相关或者不恰当的产品或者方法来进行对比，要客观公正地展示两者之间的差异和各自的优势。

1.1.5　情景5：演示式吸引

▶【痛点痒点这样抓】

1. 关注产品容量的大小：可以用它装什么？

2．质疑产品是否真的摔不坏：防摔吗？不可能坐不坏吧？

3．询问不同演示方法：还有其他演示吗？

某收纳箱品牌官方直播间正在展示几款爆款收纳箱，主播小王邀请了一位助手，给大家演示收纳箱的抗摔、抗压性能。直播间的一些"暴力"演示吸引了很多观众的关注，直播间的观众纷纷表示非常惊讶，对主播不停地点赞并和主播互动，直播间开播后的人气热度也越来越高。

【应答问题这样想】

1．观众关注产品容量的大小怎么办？

观众对收纳箱的容量非常关注，说明他们对收纳空间有一定的需求，主播可及时与观众互动，展示收纳箱的实际容量和分类功能，提高观众的信任度和满意度。

2．观众质疑产品是否真的摔不坏怎么办？

观众对收纳箱的耐用性非常好奇，说明他们对收纳箱的质量比较关心，主播可以稍微"夸张"地演示收纳箱的抗压、抗摔、抗砸等性能。

3．观众询问不同演示方法怎么办？

观众对演示方法越感兴趣，主播越应该趁热打铁多演示，还要尽快向观众介绍下单方式和活动优惠，留住这波观众，提升成交转化率。

【互动催单这样讲】

1．观众关注产品容量的大小怎么做？

主播：今天，我要给大家分享一个我珍藏了很久的宝贝，就是这个超好用的收纳箱！今天呢，主播给大家准备了非常多的精彩内容，大家千万不要走开！

弹幕1：今天有什么不一样吗？

主播：我手上的热卖爆款收纳箱也是我本人一直在用的，在这里给大家一个特写镜头，这个收纳箱是用优质PP材料制作的，非常坚固耐用，而且有很好的防水防尘性能。

弹幕2：可以用它装什么？

主播：它可以装很多东西啊，比如衣服、鞋子、书籍、玩具等。你们看，这

第 1 章 ▶▶ 开场三会：会吸引，会介绍，会表达

个收纳箱的容量非常大，可以放下很多东西，而且有分隔板和抽屉，我们可以按照物品不同的分类来收纳，非常方便。

弹幕3：容量确实很大！

2．观众质疑产品是否真的摔不坏怎么做？

弹幕1：防摔吗？

主播：家人们，这个收纳箱不仅容量大，而且非常耐用。我现在就给大家演示一下，这个收纳箱可以直接当座位，摔不坏、砸不烂！

弹幕2：不可能坐不坏吧？

主播：（让助手坐在收纳箱上）看到了吗？这个收纳箱完全可以承受一个成年人的重量，没有任何变形或损坏，抗压性能杠杠的！

3．观众询问不同演示方法怎么做？

弹幕1：还有其他演示吗？

主播：（让助手从收纳箱上站起来）好了家人们，这还不算什么，我现在再给大家看一个更厉害的。我现在就拿着这个收纳箱往地上摔！

主播：（拿起收纳箱，用力往地上摔）怎么样！家人们，看到了吗？这个收纳箱完好无损，没有任何裂痕或碎片！

弹幕2：这个收纳箱太牢固了！

主播：好了家人们，通过这个演示，你们应该都看出来了，我们××品牌的收纳箱无论是在容量、耐用性、美观性等方面都非常优秀！所以呢，如果你想让你的家更干净整洁，就赶快下单吧！

…………

⚠【关键过错不要犯】

1．主播做演示前一定要提前做好准备，了解掌握商品的实际质量水平，不能贸然采用自己没有把握的演示形式，防止出现意外或者失败。

2．主播要注意演示结果的呈现过程，不要假摔假坐，要自然流畅地展示商品的优点和特点，让观众感受到演示的真实性和可信性。

3．主播要注意选择合适的演示对象和方式，不能用违反常理、不恰当

的方法来进行演示，要展示出产品解决了大家使用收纳箱时可能遇到的痛点问题。

1.2 会介绍：介绍5要

1.2.1 情景6：要说出功能和价值

【痛点痒点这样抓】

1. 询问产品有何种功能：有什么功能呢？
2. 质疑产品功能的真假：真的吗？这么厉害！
3. 关注产品具体的功能细节：是不是对血液循环有好处啊？

某鞋类产品直播间正在热卖几款老人健步鞋，主播小健在介绍了老人健步鞋的款式和颜色后，开始向观众们讲解老人健步鞋的功能和价值。他用专业的知识和数据，向观众说明了老人健步鞋对于老年人的健康和安全的重要性，很多观众纷纷表示自己对老人健步鞋的功能和价值有了更深的认识，有的观众还表示自己都想试试了。

【应答问题这样想】

1. 观众询问产品功能怎么办？

观众询问产品功能，说明对其功能和价值非常感兴趣，主播要及时与观众互动，回答观众的问题，进一步提升直播间的热度。

2. 观众质疑产品功能的真假怎么办？

主播要善于用专业的知识和数据来支持自己的观点，让观众感受到老人健步鞋的科学性和实用性，增加观众的兴趣和购买欲。

3．观众关注产品具体的功能细节怎么办？

观众关注产品的功能细节，说明对老年人的健康和安全有一定的关注，这些都是提升直播间购物下单率的关键点，主播引出共鸣后要尽快促单成交。

💬【互动催单这样讲】

1．观众询问产品功能怎么做？

主播：家人们，昨天直播预告我们××品牌的几款老人健步鞋，不知道大家有没有心动呢？其实呢，这几款老人健步鞋不仅外观好看，而且有很多功能和价值，今天我就给大家详细地讲一讲。

弹幕1：主播快说说吧！

弹幕2：有什么功能呢？

主播：好的，那我就开始啦。我们××品牌的老人健步鞋都是采用高科技材料制作的，比如我们这款鞋子（拿起一款老人健步鞋），它用了一种叫作记忆棉的材料。你们知道记忆棉吗？

弹幕3：听说过，就是能根据脚的形状变形的那种吧？

弹幕4：是不是很舒服啊？

主播：没错，就是这样。记忆棉是一种能够根据脚部压力自动调整形状的材料。它能够给脚部提供最合适的支撑和缓冲，减少脚部疼痛和疲劳。而且记忆棉还有一个好处，就是它能够抑制细菌生长，防止脚部感染和异味。你们说是不是很神奇？

2．观众质疑产品功能的真假怎么做？

弹幕1：真的吗，这么厉害？

弹幕2：我老爸就经常脚疼，这个记忆棉应该很适合他。

主播：是的，这个记忆棉非常适合老年人，因为老年人的脚部往往比较敏感和脆弱，需要更多的关爱和保护。我们××品牌的老人健步鞋就是为了满足老年人的需求而设计的。这款鞋不仅有记忆棉，还有其他很多功能和价值，我接下来给大家继续介绍。

3．观众关注产品具体的功能细节怎么做？

主播：我们××品牌的老人健步鞋都采用了一种叫作××黑科技功能。你们知道磁疗吗？

弹幕1：听说过。

弹幕2：是不是对血液循环有好处啊？

主播：没错，就是这样。××黑科技功能能够改善血液循环，缓解疼痛。

弹幕3：我老妈就经常腿脚冷，这个应该很适合她。

主播：是的，因为老年人的血液循环往往比较差，容易出现各种问题。我们××品牌的老人健步鞋就是为了满足老年人的需求而设计的，都是经过专业的设计和制作，符合老年人的脚的形状和穿着习惯，让他们穿起来舒适和方便。

主播：而且啊今天直播间里的鞋性价比高，比市面上的普通老人健步鞋要划算得多。如果你想给家里老人买一双好鞋，心动不如行动！咱们马上上链接！

…………

⚠【关键过错不要犯】

1．主播要清楚地介绍产品的功能，让观众知道这个产品能解决他们的什么问题，不要不清楚核心卖点，弄错、弄混专业概念。

2．主播要诚实地介绍产品的功能和优势，不要夸大或者虚假宣传产品的效果。

3．主播要全面地介绍产品的特点和优点，不要只关注产品的功能和性价比而忽略其他方面，比如品质、安全、服务等。

1.2.2　情景7：要击中痛点和需求

【痛点痒点这样抓】

1．询问钱包的容量大小：你这个款式能装下多少张卡啊？

2. 提出痛点问题：钱包容易丢。牛皮的钱包寄过来会不会变形啊？

3. 关注钱包的搭配、保养：怎么搭配呢？我想问一下怎么保养？

某箱包产品直播间正在热卖几款新款钱包，直播间销售的是原材料产自××地的天然皮革钱包。直播间的观众对于钱包的款式和质量都非常关注，但也有一些观众比较在意钱包的搭配和大小等细节问题。主播小明正在向观众介绍自家刚推出的新款钱包，同时也给观众介绍一些有关钱包的材质、保养、搭配等内容。

【应答问题这样想】

1. 观众询问钱包的容量大小怎么办？

关注钱包容量大小的观众，可能比较关注钱包的实用性，主播可以从观众关注的主要功能和需求方面介绍。

2. 观众提出痛点问题怎么办？

主播在回答常见痛点问题时，可以衍生出更多钱包的痛点问题，引发观众的共鸣，通过描述细节和观众建立信任。

3. 观众关注钱包的搭配、保养怎么办？

关注钱包搭配、保养问题的观众，可能比较关注钱包的时尚度和耐用度，主播可以多介绍有关钱包的材质选择和制作工艺。

【互动催单这样讲】

1. 观众询问钱包的容量大小怎么做？

主播：一包在手，时尚跟你走。今天给大家带来的是咱们××产区非常有名的天然皮革钱包！咱家精选上等的头层牛皮，采用先进的制作工艺和严格的质量把控，保证了每只钱包都是精美耐用、实用安全的！

弹幕：你这个款式能装下多少张卡啊？

主播：是这样的，咱们家有很多不同容量和功能的钱包供大家选择。我手上这款长款钱包就有12个卡槽，可以装下您的银行卡、会员卡、身份证等，一包在手，全证无忧！

2．观众提出痛点问题怎么做？

弹幕1：钱包容易丢。

主播：钱包容易丢的、老是随手放出门前找不到钱包的（列举常见痛点问题），一定要仔细看看咱们这款真皮钱包啦。咱家的钱包里植入了××定位系统，可以和您的手机连接，您找不到钱包的时候看一下定位就能轻轻松松找回哦！

弹幕2：牛皮的钱包寄过来会不会变形啊？

主播：我知道很多人担心牛皮钱包寄快递有损耗，咱们的钱包都是经过严格的包装和运输流程的，我们保证每只钱包都能完好无损地送到您手中。而且咱家的钱包采用优质材料制作而成，具有很好的韧性和耐压性，不会轻易变形。

3．观众关注钱包的搭配、保养怎么做？

弹幕1：怎么搭配呢？

主播：钱包在日常生活中扮演着重要角色，不同颜色、材质、大小、形状、图案等都会影响它的整体造型。比如说黑色皮革长款钱包适合搭配商务正装；彩色编织短款钱包适合搭配休闲度假风；卡通图案钱包适合搭配可爱甜美风。大家可以根据自己的喜好和风格选择合适的钱包哦！除了主播手上的皮革钱包，待会还有很多款式要给大家介绍呢，大家一定要待在直播间继续观看哟！

弹幕2：我想问一下怎么保养？

主播：谢谢××的关注和提问！这款钱包的保养其实很简单，首先，避免钱包长时间暴晒和潮湿；其次，定期用干净的软布擦拭钱包表面的灰尘；再次，避免钱包与刀、剪子等尖锐物品接触。

…………

⚠【关键过错不要犯】

1．主播介绍产品痛点问题时要了解观众的痛点是否真实存在，不要胡编乱造，硬编一些不存在的痛点和需求。

2．产品痛点要找对、找准，主播要针对痛点和观众的需求回应解决方案和产品卖点，不要生搬硬套、无针对性。

3．关于钱包的使用和保养，主播要结合实物给大家介绍方法和技巧，不要只停留在口头干巴巴地讲解上。

1.2.3　情景8：要强调品质和品牌

【痛点痒点这样抓】

1. 担心选不到合适的品牌：那怎么选合适的品牌呢？
2. 质疑产品的舒适度：舒适度能有你说得那么好？
3. 关注产品的品质、搭配：高跟鞋确实得品质好才行！想看看具体的搭配。

某女鞋品牌直播间正在热卖几款高跟鞋，直播间销售的是由××品牌生产的纯手工高跟鞋。由于近期高跟鞋市场竞争激烈，直播间的观众对于高跟鞋的品质和品牌非常关注。主播小美正在向观众介绍自家刚从工厂拿到的新款高跟鞋，同时也给观众展示一些搭配和穿着效果。她一边换穿不同的鞋子一边与观众互动，回答观众提出的关于高跟鞋的材料、舒适度、风格等问题。

【应答问题这样想】

1. 观众担心选不到合适的品牌怎么办？

关注高跟鞋品质和品牌的观众，可能比较在意高跟鞋的制作工艺、材料来源、设计理念等，主播可以多从专业角度向观众展示和介绍。

2. 观众质疑产品的舒适度怎么办？

关注高跟鞋舒适度问题的观众，可能比较在意高跟鞋的内里、垫底、鞋跟等部分是否符合人体工学原理，主播可以多从实际体验角度向观众展示和介绍。

3. 观众关注产品的品质、搭配怎么办？

关注高跟鞋品质、搭配的观众，可能比较在意高跟鞋的颜色、款式、细节等是否符合自己的喜好和场合，主播可以多从时尚潮流角度向观众展示和介绍。

【互动催单这样讲】

1. 观众担心选不到合适的品牌怎么做？

主播：亲爱的家人们，你们知道吗？高跟鞋是女性的最佳拍档，它不仅能够提升你的身材比例，让你看起来更高更瘦，而且能够增加你的气质和魅力，让你在任何场合都能够吸引众人的目光！

主播：但是，市面上的高跟鞋的质量良莠不齐，有些高跟鞋虽然看起来很漂亮，但是穿起来却很不舒服，甚至会伤害你的脚和腰，影响你的健康和美丽！

弹幕1：展开说说？

弹幕2：那怎么选合适的品牌呢？

主播：我非常理解大家对于品质和品牌的重视，其实咱家的高跟鞋都是由××品牌生产的，这个品牌是国内有名的高跟鞋品牌，有着几十年的历史和经验，专注于为女性打造优质、舒适、时尚的高跟鞋！

2. 观众质疑产品的舒适度怎么做？

弹幕：舒适度能有你说得那么好？

主播：咱们家的高跟鞋都是用上等的真皮材料制作的，所以我们的每双鞋子都是柔软、透气、耐磨、不变形的！而且每双鞋子都由专业的设计师和工匠手工打造，经过了多道工序和严格的检测，这不仅保证了每双鞋子都符合人体工学原理，还做到了外观精美、内在舒适！

3. 观众关注产品的品质、搭配怎么做？

弹幕1：高跟鞋确实得品质好才行！

主播：咱们家的高跟鞋都是设计师根据当前流行趋势和消费者的需求设计出来的，每款都有自己独特的风格和特点。无论你是喜欢优雅、简约、甜美的风格还是性感、复古、前卫的风格，都能在咱们家找到适合的那一双！

弹幕2：想看看每款鞋的具体搭配。

主播：好，我们马上给大家试穿搭配，比如说这双黑色漆皮尖头细跟鞋就是非常经典而又时尚的一款，无论你是穿着正装去上班还是穿着晚礼服去参加派对，都能够搭配出优雅而又气场十足的造型！

主播：再比如说这双粉色蝴蝶结圆头粗跟鞋，就是非常甜美而又可爱的一款，无论你是穿着裙子去约会还是穿着牛仔裤去逛街，都能够搭配出清新而又活泼的气质！

弹幕3：我喜欢那双粉色的！

主播：咱们家的高跟鞋就是你的最佳选择！买高跟鞋就认准咱们××品牌的高跟鞋！

…………

【关键过错不要犯】

1. 主播要提前了解产品的品牌背景，如品牌的历史、风格、定位、口碑等，不要对品牌的背景、定位一无所知，出现说错、混淆的情况。

2. 主播不要只强调卖点而不展示实物，要多方位展示实物效果，如穿着效果、搭配效果、细节效果等。

3. 主播要足够专业，要对产品的品质有足够的了解和研究，要能够提供有效的证据和数据来支持自己的观点，不要胡乱编造。

1.2.4　情景9：要点明场合和情境

【痛点痒点这样抓】

1. 询问产品的穿戴情境、搭配场合：有啥别的场合搭配吗？
2. 提问产品的款式区别：我有个类似的，还有别的款式区别吗？
3. 询问优惠活动：实在不好挑，有没有活动？

某服饰配件直播间正在销售几款遮阳帽。夏日炎炎，直播间的观众对于遮阳帽的搭配场合和穿戴情境非常感兴趣。主播小丽正在向观众展示自己搭配的不同风格的遮阳帽，同时也给观众介绍一些适合遮阳帽的搭配场合和情境。她一边换戴不同的遮阳帽一边与观众互动，回答观众提出的关于遮阳帽的材质、功能、搭配等问题。

【应答问题这样想】

1. 观众询问产品的穿戴情境、搭配场合怎么办？

对于关注遮阳帽穿戴情境、搭配场合问题的观众，主播可以从遮阳帽适应不同的气候、环境、活动等方面入手，多从情境、场合的多样性角度向观众展示和介绍。

2. 观众提问产品的款式区别怎么办？

一般观众比较在意遮阳帽的颜色、款式、细节等是否符合自己的喜好和风格，主播可以多从时尚搭配角度向观众展示和介绍。

3. 观众询问优惠活动怎么办？

观众对优惠活动感兴趣时，主播要将提前设定好的吸引人的优惠福利给到观众，在人气热度值最高时加快促单成交的节奏。

【互动催单这样讲】

1. 观众询问产品的穿戴情境、搭配场合怎么做？

主播：美"帽"由你做主，定制专属清凉，欢迎来到××精品遮阳帽直播间，今天我给大家带来一款新款遮阳帽，先给大家看一下整体帽身多轻薄，无论夏天室外多热戴着它也都是舒适、透气、不闷热的。

弹幕1：主播拉近点，我要看！

主播：好，给大家拉近一点镜头，大家仔细看这个帽型，整体都是比较圆润饱满的，戴上会显得咱们整个头型更加圆润啊，是非常漂亮的啊。除了外观好看，这款遮阳帽遮阳效果也很好，防晒指数达到了××，是经过检测的。戴上这款遮阳帽，夏天出门再也不怕被晒黑了！

弹幕2：是挺好看的呢。

弹幕3：有啥别的场合搭配吗？

主播：谢谢大家的夸奖！我马上给大家过一下遮阳帽款式及对应的搭配场合噢！这顶白色蕾丝花边宽檐遮阳帽，是非常优雅而甜美的一款，你无论是穿着连衣裙去野餐还是穿着泳装去海边，都能够搭配出清新而又浪漫的气质！……

2. 观众提问产品的款式区别怎么做？

弹幕：我有个类似的，还有别的款式区别吗？

主播：当然啦，今天的款式都会给到大家搭配情境，只有你想不到的，没有我们搭不出的！这顶黑色皮革金属扣细檐遮阳帽，是非常时尚个性的一款，你无论是穿着西装去上班还是穿着牛仔裤去酒吧，都能够搭配出酷劲而又气场十足的造型！

主播：还有这顶红色棉麻花朵中檐遮阳帽，就是非常可爱活泼的一款，无论你是穿着T恤去逛街还是穿着半身裙去约会，都能够搭配出温柔而又俏皮的风情！

3. 观众询问优惠活动怎么做？

弹幕1：实在不好挑，有没有活动？

主播：大家挑花了眼对不对？咱家的遮阳帽款式新颖、时尚潮流，就知道大家会挑花了眼，咱们今天直播间的遮阳帽买两个打9折、三个打8折，大家喜欢哪款就拍哪款，这样大家就可以根据不同的场合和心情，随心所欲地换戴不同的款式啦！

弹幕2：快上链接！

主播：咱们家的遮阳帽最适合在户外活动的时候戴，比如说去郊游、去海边、去公园（列举多种情境）等，这些地方都是阳光很强烈的地方，如果不戴遮阳帽的话，大家很容易被晒伤或者晒黑。主播马上给大家上链接，需要的拼手速啦！

…………

⚠【关键过错不要犯】

1. 主播不要盲目跟风或者随意搭配，要考虑遮阳帽的颜色、款式、大小、材质等是否与自己的服装、气质、场景相协调，避免造成不协调或突兀的感觉。

2. 主播要注意展示遮阳帽的细节和特点，不要只说一些空洞无趣的话，要用具体的例子和数据来说明遮阳帽的优势和功能。

3. 主播要与观众进行有效的互动，不要只是单方面地介绍或者推销遮阳帽，可以通过提问看观众想要什么样的搭配效果。

1.2.5 情景10：要说明个性和不同

【痛点痒点这样抓】

1. 提问产品款式的不同点：那你们家的破洞牛仔衣有什么不同呢？
2. 好奇产品的个性搭配：怎么进行个性搭配啊？你说的个性我还是不太了解！
3. 询问产品的材质：材质怎么样啊？

某品牌服装直播间正在热卖几款破洞牛仔衣，这些破洞牛仔衣都是通过特殊的工艺和手法制作出来的，每件都有自己独一无二的破洞图案和位置，展现出不同的个性和风格。主播小华正在向观众展示自己搭配的不同风格的破洞牛仔衣，他一边试穿一边与观众互动，回答观众关于破洞牛仔衣的个性、不同、搭配等问题。

【应答问题这样想】

1. 观众提问产品款式的不同点怎么办？

观众比较在意破洞牛仔衣如何表达自己的个性和不同，主播可以从制作工艺、款式设计等方面进行诠释。

2. 观众好奇产品的个性搭配怎么办？

关注破洞牛仔衣搭配问题的观众，可能比较在意破洞牛仔衣如何与其他服饰或者配饰搭配出不同的效果，主播应分门别类，对风格、个性、区别进行详细讲解。

3. 观众询问产品的材质怎么办？

这类观众可能比较在意破洞牛仔衣的质量、舒适度、耐用度等，主播可以让工作人员将镜头拉近，给观众看下牛仔衣的具体材质细节。

第 1 章 ▶ 开场三会：会吸引，会介绍，会表达

💬 【互动催单这样讲】

1. 观众提问产品款式的不同点怎么做？

主播：你们知道吗，破洞牛仔衣是最能够展现你个性和风格的单品。它不是普通的牛仔衣，它是通过特殊的工艺和手法制作出来的，每件都有自己独一无二的破洞图案和位置，让你在人群中与众不同！

弹幕：那你们家的破洞牛仔衣有什么不同呢？

主播：×××你的问题很好。咱家最大的不同就是，每件牛仔衣都是由专业的设计师和工匠手工打造的，每件都经过了多道工序，这保证了每件都是独一无二的款式！

2. 观众好奇产品的个性搭配怎么做？

弹幕1：怎么进行个性搭配啊？

主播：咱家的破洞牛仔衣都是根据当前流行趋势和消费者的需求设计出来的，每款都有自己独特的风格和特点，无论你是喜欢酷酷的、可爱的风格，还是性感的、复古的、前卫的风格，你都能在咱家找到适合你并且个性十足的那一件！

弹幕2：你说的个性我还是不太了解！

主播：听我细细道来，其实也很简单，只要你遵循以下几个原则就可以了。

主播：第一，要根据自己喜欢的风格来选择合适的破洞牛仔衣，比如说如果你喜欢酷酷的风格，那么你可以选择黑色或者深色系的破洞牛仔衣；如果你喜欢可爱的风格，那么你可以选择白色或者浅色系的破洞牛仔衣。

主播：第二，要根据自己身材和气质来选择合适的破洞牛仔衣，比如说如果你身材高挑或者气质冷艳，那么你可以选择一些大面积或者多层次的破洞牛仔衣；如果你身材娇小或者气质温柔，那么你可以选择一些小面积或者单层次的破洞牛仔衣。

主播：第三，要根据自己搭配的其他服饰或者配饰来选择合适的破洞牛仔衣，比如说如果你搭配了一些简约或者素色系的服饰或者配饰，那么你可以选择图案复杂或者彩色系的破洞牛仔衣；如果你搭配了图案复杂或者彩色系的服装或者配饰，那么你可以选择素色系的破洞牛仔衣。

主播：根据这几个原则，大家能搭配出不同的个性和风格了吧！简单易懂，效果明显！

3．观众询问产品的材质怎么做？

弹幕：材质怎么样啊？

主播：咱家的破洞牛仔衣都是用上等的牛仔布材料制作的，每件衣服都是柔软、透气、耐磨、不褪色的！

主播：镜头拉近给大家看细节，你们可以看下主播身上穿着的就是咱家的破洞牛仔衣，这件是我最喜欢的一件。它是一件蓝色破洞牛仔外套，我觉得它非常适合我这种酷酷的风格，而且它的颜色和材质也很好，非常舒服和耐穿！

…………

⚠【关键过错不要犯】

1．主播要注意保持自己的个性和风格，不要因为个人角色表现不符合产品个性而让观众对产品失望，要让自己的仪态、语气、表情、动作等与自己所展示的破洞牛仔衣相匹配，要能够给观众传递出有个性、时尚等正面的信息。

2．主播要注意与观众进行有效的互动，不要只是浅浅而谈、浮于表面。当观众对个性搭配提出进一步要求想法时，主播要积极地回答观众的问题和疑惑，增加观众的参与感和购买欲。

3．主播要注意展示好自己的试穿效果，不要只是静态地展示破洞牛仔衣，要动态地展示破洞牛仔衣在不同角度和光线下的效果，让观众能够感受到破洞牛仔衣的质感和细节。

1.3 会表达：直播开场介绍核心要点

1.3.1 服装直播开场介绍核心要点

【核心要点一】个人介绍开场

个人介绍是主播向观众展示自己的身份、风格、特点、经验等，让观众对主播有一个基本的了解和认同。

主播可以用一些亲切、幽默、自信的语言来表达自己的个性和态度，让观众感受到主播的热情和专业。

例如："大家好，欢迎来到我的直播间，我是你们的服装搭配师小美。我从事服装行业已经有十年了，我对服装的款式、颜色、材质、搭配都有自己的见解和心得。我喜欢简约而不简单的风格，我认为服装不仅是一种外在的装饰，更是一种内在的表达。我希望通过我的直播，能够帮助你们找到适合自己的服装，让你们穿出自信和美丽。"

【核心要点二】产品介绍开场

产品介绍是主播向观众展示直播间要销售的服装的品牌、特色、优势、效果等，让观众对这些服装有一个清晰而完整的认识。

主播可以用一些专业、详细、形象的语言来描述服装的功能和价值，让观众感受到服装的独特性和实用性。

例如："今天我给大家带来了一款××品牌的连衣裙。这款连衣裙是××品牌的明星产品，它有以下几个亮点：第一，它采用了高质量的棉麻面料，柔软舒适，透气吸汗，适合春夏季节穿着。第二，它有一条腰带，可以根据自己的身材调节腰带松紧，系上后显瘦又显高。第三，它拥有多种颜色，如白色、粉色、蓝色等，都是非常清新而优雅的色调，可以搭配不同的鞋子和包包，帮助我们打造不同的穿衣风格。"

【核心要点三】作用介绍开场

作用介绍是主播向观众展示购买服装能够给他们带来的实际好处，让观众感受到购买服装的必要性和紧迫性。

主播可以用比喻、反问、夸张等方式来展示服装的功能和作用，让观众感受到服装设计的合理性和有效性。

例如："你们知道吗，棉麻面料是一种天然纤维，穿着这种面料的衣服能保持皮肤干爽和舒适。而且棉麻面料还能够抑制细菌，预防皮肤出现过敏反应。所以说这款连衣裙能够保护你的皮肤，让你的皮肤更加健康和美丽。"

【核心要点四】利益介绍开场

利益介绍是主播向观众展示购买服装能够给他们带来的额外好处，让观众感受到购买服装是一种乐趣，而不是一种花费。

主播可以用一些砍价、团购、返利、优惠套餐、抽奖等活动来展示服装的价格优惠性和活动丰富性，让观众感觉此时购买很划算。

例如："这款连衣裙不仅能让你穿出健康，还能让你省钱。你们看这个价格，原价399元，现在只要199元，已经打了5折，比商场里的价格便宜一半。如果你现在下单购买，只要再加99元，我们还会送你一件我们精心搭配的外套，你会收获一套完美的搭配。而且我们还有一个抽奖活动，凡是今天购买连衣裙的都可以参与，有机会抽到免单、半价等大奖。"

【核心要点五】行动介绍开场

行动介绍是主播向观众发出一个明确而强烈的购买信号，让观众产生一个立即行动的冲动和欲望，核心是要呼吁共鸣观众，提示催促其下单。

主播可以用限时、限量、限定等方式来展示服装的货量的稀缺性和购买的紧迫性，让观众感受到服装的抢手和难得。

例如："这款连衣裙真的是太美了，我自己都想要买一件。这款连衣裙的库存有限，只有100件，而且只有今天才有这么优惠的价格和活动，明天就恢复原价了。所以大家千万不要犹豫，不要错过这么好的机会，赶紧下单吧，先下单先发货，下单晚了就要没货了。"

1.3.2 鞋帽直播开场介绍核心要点

【核心要点一】欢迎式导入开场

欢迎是指主播对观众的问候，它可以展示主播的热情和礼貌，让观众感受到主播的亲切和友好。

主播可以用一些欢迎语、称呼语等，让观众对主播有一个良好而亲密的印象。

例如："大家好，欢迎来到我们的鞋帽直播间，我是你们的主播小美。今天是美好的一天，我希望大家都能开心快乐，享受生活。你们今天过得怎么样呢？你们有没有什么想要跟我分享的呢？请在评论区留言告诉我吧，我会一一回复你们的。"

【核心要点二】感谢式导入开场

感谢是最有效的赞美，主播可以用一些感谢语、赞美语、鼓励语等来表达对观众的认可和支持，让观众感受到主播的尊重和信任。

例如："大家好，欢迎来到我们的鞋帽直播间，我是你们的主播小美。首先我要感谢大家对我们直播间的关注和喜爱，你们是我们直播间最宝贵的财富。你们的每个点赞、评论、分享、收藏都是对我们最大的鼓励！"

【核心要点三】幽默式导入

调侃是最幽默的方式，主播可以用一些调侃语、玩笑语等来展现自己的幽默和风趣，让观众感受到主播的活泼和趣味。

例如:"大家好,欢迎来到我们的鞋帽直播间,我是你们的主播小美。今天我要给大家介绍一些非常时尚、舒适、实用的鞋帽产品,让你们穿得漂漂亮亮,走在路上都能吸引无数眼球。你们是不是很期待呢?你们是不是很心动呢?你们是不是很想买呢?别急,别急,先别着急下单,先听我说。"

【核心要点四】互动式导入开场

互动是最有参与感的方式,主播可以用一些互动语、提问语、引导语等来表达对观众的邀请和参与,让观众感受到主播的关注。

例如:"大家好,欢迎来到我们的鞋帽直播间,我是你们的主播小美。你们对鞋帽有什么喜好或者需求呢?你们喜欢什么样的鞋帽呢?你们想要什么样的鞋帽呢?请在评论区告诉我吧,我会根据你们的意见来推荐合适的产品给你们。"

【核心要点五】故事法导入开场

故事是最有趣味性的叙述,主播可以分享自己或者其他人与鞋帽相关的趣闻、经历,让观众感受到鞋帽产品背后的故事。

例如:"这款棒球帽是我们今天直播间的经典商品,它有一个非常有趣的故事。我们的设计师他从小就爱打棒球,他说打棒球是他一生最大的梦想和乐趣。他每天都要戴着自己设计制作的棒球帽去公园打棒球,不管是晴天还是雨天。他用自己精湛的技术研究制作出了这些又漂亮又耐用的棒球帽。"

1.3.3 箱包直播开场介绍核心要点

【核心要点一】用名字开场

名字是最简单的标识,主播可以用自己的名字或者昵称来表达自己的个性和风格,让观众感受到主播的亲切和独特。

例如:"大家好,欢迎来到我们的箱包直播间,我是你们的主播小花。小花是我的昵称，因为我很喜欢花花草草，也很喜欢各种颜色和图案的箱包。我觉得箱包就像花朵一样，能够给人们带来美丽和快乐。"

【核心要点二】用职业开场

职业是最重要的资历，主播可以介绍自己的职业或者专业，来表达自己的专业能力和水平，让观众感受到主播的专业性和权威性。

例如："大家好，欢迎来到我们的箱包直播间，我是你们的主播小花。我是一名专业的箱包设计师，我从事箱包设计已经有十年了，我对箱包设计有着深厚的感情和丰富的经验。我设计过很多款式和品牌的箱包，也参与过很多国内外的箱包展览和评选活动。"

【核心要点三】用经验开场

经验是最有说服力的证明，主播可以用自己的经验或者成就来表达自己的实力和价值，让观众对主播产生信任感。

例如："大家好，欢迎来到我们的箱包直播间，我是你们的主播小花。我是一名专业的箱包设计师，我从事箱包设计已经有十年了。在这十年里，我设计过很多受大家欢迎和获奖的箱包作品，比如这款获得了国际设计大奖的旅行箱，这款被明星们争相收藏的手提包，这款被时尚杂志推荐为必备单品的背包，等等。"

【核心要点四】用爱好开场

爱好是最有共鸣的话题，主播可以用自己的爱好或者兴趣来表达自己的喜好和风格，让观众感受到主播的兴趣和趣味。

例如："大家好，欢迎来到我们的箱包直播间，我是你们的主播小花。我是一名专业的箱包设计师，也是一名热爱旅行和摄影的旅行者。我喜欢用我的相机记录下我去过的每个地方和遇到的每个人，也喜欢用我的箱包装载我带回的每件纪念品和每份回忆。我觉得箱包就像是我的旅行伙伴，陪伴我走遍天涯海角。"

📖 【核心要点五】用口号开场

口号是最有激情的方式，主播可以用一些口号或者标语来表达自己的态度和目标，让观众感受到主播的热情和动力。

例如："大家好，欢迎来到我们的箱包直播间，我是你们的主播小花。我是一名专业的箱包设计师，也是一名热爱旅行和摄影的旅行者。我有一个梦想，就是用我的设计和我的镜头，让世界看到中国的箱包文化和美丽风景。我相信，只要有梦想，有行动，有箱包，就没有什么不可能。"

▷▷ 1.4 语句示范：直播开场经典语句

1.4.1 服装直播开场经典语句

📖 【经典语句1】

把夏天的灿烂，留在衣服上。把最美的笑容，留在嘴角边。欢迎来到××潮流服饰店，魅力无限，只有衣服知道你的魅力！

📖 【经典语句2】

三分兴趣点关注，七分喜爱刷点赞，鲜花爱心刷一刷，超前享受，引领潮流！欢迎各位新进直播间的宝宝们，主播互动走一走，美丽能留九十九！来来来，我们开播聊起来，感谢各位来到××服装直播间！

📖 【经典语句3】

千万别等没了时间才想买衣服，趁现在还有优惠；千万别等没了好身材才想买衣服,趁现在还有美貌;千万别等没了好季节才想买衣服,趁现在还是春天!

1.4.2 鞋帽直播开场经典语句

📖【经典语句1】

一双好鞋,陪你走过漫长岁月,见证你的喜怒哀乐,××好鞋做你最忠实的朋友;一双好鞋,陪你实现成功价值,见证你的脚踏实地,××好鞋做你最忠实的朋友支持着你前行。

📖【经典语句2】

穿××好鞋,秀出完美造型,体验潮流时代,塑造高端身份!

📖【经典语句3】

不一样的××,不一样的好帽,时尚百变,××明星网红都爱戴!

1.4.3 箱包直播开场经典语句

📖【经典语句1】

一个美包,展现了个人的品位和素质,颜值不出彩没关系,一个美包,瞬间扭转你的形象!

📖【经典语句2】

让你怦然心动的箱包品牌,把你的美丽装进包中,把你的自信装进包中,把你的自由装进包中。出行必备,我选××箱包!

【经典语句3】
　　包容天地,内有乾坤,包出我的风范,包出我的节奏,精致的细节艺术,就在××箱包直播间!

第 2 章

留人三讲：
讲福利，讲折扣，讲痛点

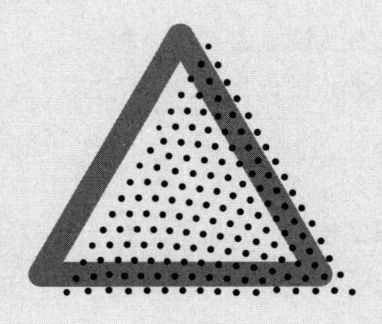

2.1 讲福利：福利留人3惠

2.1.1 情景11：定时抽奖免费送

【痛点痒点这样抓】

1. 询问定时抽奖情况：什么时候抽奖啊？奖品是什么啊？抽中的是不是跟现在卖的是同款啊？别发次品忽悠我们啊！
2. 质疑产品是否为正品：这个帽子是不是正品啊？
3. 担心产品的尺寸不合适：我头有点大，能戴吗？

某运动服饰直播间正在进行大促活动，活动刚刚开场，主播小宁拿着一顶品牌棒球帽准备向观众做进一步介绍。棒球帽是很多运动爱好者会买的运动装备，小宁为了激发直播间的人气，带动直播间的销量，决定开展定时抽奖活动，奖品就是品牌棒球帽。

【应答问题这样想】

1. 观众询问定时抽奖情况怎么办？

观众询问定时抽奖活动，说明他们已经对直播间表现出较为明显的兴趣，主播要抓住定时抽奖的"奖大""奖多""中奖概率高"这些要点进行介绍，尽可能地使他们停留在直播间的时间更长。

2. 观众质疑产品是否为正品怎么办？

询问棒球帽是否为正品的观众比较关注棒球帽的品牌真实性和产品品质，主播应结合棒球帽的正品防伪特点，着重强调品牌和渠道。

3. 观众担心产品的尺寸不合适怎么办？

询问棒球帽尺寸或大小的观众，很明显是有一定的购买欲望的，他们可能在之前有过失败的购物经历。主播可以注重介绍一下棒球帽的尺寸大小和调节功能，并强调退换货的便捷性。

【互动催单这样讲】

1. 观众询问定时抽奖情况怎么做？

主播：我们给家人们准备了粉丝福利，咱们定时抽奖！每隔半小时，咱们就抽一次奖！直播间的热度每上升3000，咱们也抽一次奖！

主播：一直到主播下播，今天抽奖不断，好礼送不停！我要是哪一次忘了，大家就在评论区里发言刷屏！咱们就马上抽。

弹幕1：什么时候抽奖啊？搞快点！

主播：每半小时抽一次哦，咱们每次抽出3名幸运观众。马上就到抽奖时间啦！家人们千万不要中途退出直播间，以免错过抽奖！咱们的抽奖马上开始，没点关注的家人们抓紧时间点点左上角的关注哟！

弹幕2：奖品是什么啊？

主播：咱们每次抽奖的奖品就是直接免单！买东西不要钱，免费送！每个抽中的幸运观众都可以享受一件商品的免单权益！

弹幕3：抽中的是不是跟现在卖的是同款啊？别发次品忽悠我们啊！

主播：绝对是一模一样的东西，咱们是直接免单，根本不存在发次品的情况！

主播：欢迎新进来的家人们，俗话说得好，来得早不如来得巧！大家赶紧关注我们的直播间，也可以把直播间分享给您的家人和朋友，还有一分钟我们今天的第一轮抽奖马上开始！

2. 观众质疑产品是否为正品怎么做？

弹幕：这个帽子是不是正品啊？

主播：我们家销售的所有商品都是有品牌授权的，绝对的正品保证，而且咱们直播间也是×××（电商平台名称）的官方合作伙伴，所有产品都经过了严格的质检和包装，大家可以放心购买！

3．观众担心产品的尺寸不合适怎么做？

弹幕：我头有点大，能戴吗？

主播：这款棒球帽采用的是可调节的扣子，能够根据自己的头围来调节松紧，头大的家人们完全不用担心。而且这个帽子的版型很好，不会显得头很大或者头很小哟！

…………

【关键过错不要犯】

1．主播要适时穿插定时抽奖活动的介绍，不要只宣传一次然后到点就抽，要学会控制频次，要懂得不断地吸引观众点击关注和停留观看。

2．每轮抽奖后主播要及时公布中奖名单，不要浪费抽奖带来的流量，要强调下一轮抽奖马上开始，引导观众继续观看。

3．直播间的抽奖活动要真实有效，说抽定抽，不能虚假宣传，否则将面临处罚和舆论危机。

2.1.2 情景12：1+1套餐限量送

【痛点痒点这样抓】

1．质疑限量送规则：哪一件免费送？价钱高的还是价钱低的？不会是同一件衣服卖两件的价钱吧？

2．询问产品的面料材质：裤子是什么面料的？是不是棉的？

3．关心产品的设计问题：这个裤子的口袋深吗？口袋不是假的吧？

某时尚服装品牌直播间内，主播小腾正在向观众展示一条新款男士工装裤。这款工装裤的设计新潮，用料厚实。为了提高新品的销售业绩，直播间推出了"上衣+裤子一起买，其中一件免费送"的限量促销活动。

第 2 章 ▶ 留人三讲：讲福利，讲折扣，讲痛点

🖥 【应答问题这样想】

1. 观众质疑限量送规则怎么办？

观众质疑"上衣+裤子一起买，其中一件免费送"活动规则，一方面是对限量送活动规则不了解，一方面是他们对活动不信任。但这并不是一件坏事，观众有疑问恰恰表明他们感兴趣、有想法，主播应该抓住机会介绍宣传"1+1套餐限量送"活动。

2. 观众询问产品的面料材质怎么办？

询问工装裤面料材质的观众，一般比较关心裤子的质量和耐穿性，主播要抓住裤子不廉价、耐穿和穿着舒适几点进行介绍。

3. 观众关心产品的设计问题怎么办？

询问工装裤的口袋设计的观众，一般比较关心裤子的功能性和实用性，主播要理解他们的关键购物决策点，解答观众的问题。

💬 【互动催单这样讲】

1. 观众质疑限量送规则怎么做？

主播：我给大家介绍的这款工装裤是我们家的新品哦！它是刚刚上市的潮流单品！

主播：而且！更重要的是，家人们，今天直播间的新品做活动哦！你随便挑选搭配一套上衣和裤子，加入购物车付款，咱们直接其中一件给到你免单！仅限前3000单哦！

弹幕1：哪一件免费送？价钱高的还是价钱低的？

主播：家人们，咱们先挑选、搭配自己的出街套装，加入购物车后系统会自动显示免单情况的。

主播：一般情况下是价钱更低的那件获得免单优惠，不过我们有设置特殊幸运福利哦！就看大家能不能找到啦！

弹幕2：不会是同一件衣服卖两件的价钱吧？

主播：不存在这种情况啊，家人们，大家可以看我们每件商品的价格变动情况，往前看1个月价格都是一样的！大家可以放心，我们是口碑老店了，保证不

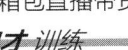

存在先提价后优惠的情况。

2．观众询问产品的面料材质怎么做？

弹幕：裤子是什么面料的？是不是棉的？

主播：不是纯棉的啊，咱们这个工装裤是涤纶材质的，混了一些棉。纯棉不适合做工装裤啊，没有版型，一穿就软塌塌的。

主播：我们这个工装裤的面料添加了记忆纤维，更加抗皱挺阔，打理不费事。涤纶的材质也更加吸汗吸湿，让双腿干爽，告别黏腻！

3．观众关心产品的设计问题怎么做？

弹幕：这个裤子的口袋深吗？口袋不是假的吧？

主播：工装裤的口袋一般设计得都很深，我们家这个新品的口袋也是很深的，放手机、钱包完全没有压力！（把手伸入口袋中展示）口袋都是真的啊，家人们，它前面有两个口袋，侧边有两个口袋，臀部还有两个口袋。

…………

【关键过错不要犯】

1．主播在向观众们介绍活动时，要确保他们认识到优惠福利的好处，不要照本宣科式地介绍。

2．主播可以通过"送"这一福利来调动观众参与直播间活动的积极性，但不能将活动的难度设置过高引起观众的反感，不能让观众失去参与活动的热情。

3．主播在回答观众关于工装裤的面料材质和口袋设计问题时，不要只进行简单的你问我答，要通过解答问题来推销卖点。

2.1.3 情景13：介绍购买返优惠

【痛点痒点这样抓】

1．质疑介绍购买返优惠活动规则：是不是介绍别人下单就送优惠券啊？介绍一单给多少优惠券啊？优惠券有使用门槛吗？不是满减之类的优惠券吧？

2. 询问颜色、尺码：有黑色的款吗？我喜欢粉色的，有没有？女生身高165厘米适合什么码啊？

3. 担心质量问题：鸭绒含量多少？保暖吗？

某服装品牌直播间正在销售冬季新品，主播小兰正在向直播间的观众介绍一款羽绒服。为了拉拢老客户，增加新客户，直播间特别推出了介绍购买返购物优惠券活动。

【应答问题这样想】

1. 观众质疑介绍购买返优惠活动规则怎么办？

询问介绍购买返优惠活动相关问题的观众，一般有较强的参与意愿，但是对于活动的真实性和具体规则条件不清楚、不了解，主播要给予他们信心，让他们能够积极参加活动。

2. 观众询问颜色、尺码怎么办？

对于询问羽绒服颜色、尺码问题的观众，主播可以围绕羽绒服的款式、搭配和版型设计进行介绍，结合自己或模特的试穿效果和身材数据进行推荐。

3. 观众担心质量问题怎么办？

对于询问羽绒服质量问题的观众，主播可以围绕羽绒服的面料、材质和走线细节进行介绍，通过近距离的实物拍摄来展示羽绒服的做工和品质，打消观众的顾虑。

【互动催单这样讲】

1. 观众质疑介绍购买返优惠活动规则怎么做？

弹幕1：是不是介绍别人下单就送优惠券啊？介绍一单给多少优惠券啊？

主播：家人们，咱们现在是一个拉新活动啊！所有成功介绍同事同学、亲戚朋友下单购买的宝宝都能领取购物优惠券和购物红包！每单咱们返××元的等额优惠券啊，下单的时候让他们备注你的平台账号名，联系咱家的客服直接领取优惠券和购物红包啊！

弹幕2：优惠券有使用门槛吗？不是满减之类的优惠券吧？

主播：咱们返优惠活动的购物红包和优惠券全部是无门槛使用的啊！咱们绝不搞套路，玩儿的就是真实！

2. 观众询问颜色、尺码怎么做？

弹幕1：有黑色的款吗？

主播：有，咱家这款羽绒服一共有六种颜色可选，黑色、白色、红色、蓝色、粉色和灰色。你们看我今天穿的就是黑色的，简单搭一条牛仔裤和一双白色运动鞋就很时尚了！

弹幕2：我喜欢粉色的，有没有？女生身高165厘米适合什么码啊？

主播：粉色有的，宝宝们，咱家这款羽绒服从S到XXL码都有，大家可以根据自己的身高和体重来选择合适的尺码哟！

主播：我给大家说一下我和模特的数据吧，我身高165厘米，体重50公斤，我穿的是S码的，你们看我穿起来正好合身。模特身高170厘米，体重55公斤，她穿的是M码的，你们看她穿起来也很合适。

3. 观众担心质量问题怎么做？

弹幕1：鸭绒含量多少？

主播：咱家这款羽绒服非常轻盈！但是它的鸭绒含量很高，达到了90%。你们看我把它拿起来，一点都不沉。正是因为填充的是90%的白鸭绒，衣服摸起来非常柔软和蓬松，穿起来感觉就像被包裹在一层棉花里一样！

弹幕2：保暖吗？

主播：当然保暖啦！咱家这款羽绒服不仅白鸭绒含量达到90%，而且采用了双层防风面料和双向拉链设计，可以有效阻挡寒风的侵入。

主播：而且咱家这款羽绒服还有一个超级实用的功能，就是它可以变成一个小枕头！你们看我把它折叠起来，放在一个小袋子里，就变成了一个可爱的小枕头！这样你们出门旅行或者坐车、坐飞机时都可以随时拿出来休息一下哟！

…………

【关键过错不要犯】

1. 主播在介绍返优惠活动环节要持续与观众互动，不要一直自说自话，要懂得引导观众，激发他们的参与热情。

2. 直播间设置的返优惠活动要真实有效，不能虚假宣传，更不能采取违规的营销方式。

3. 主播在回答观众的提问时，不能只是讲解信息，要懂得添加一些帮助观众做决策的内容。

2.2 讲折扣：折扣留人3法

2.2.1 情景14：数量折扣法

【痛点痒点这样抓】

1. 询问数量折扣情况：这个篮球袜买几双有折扣啊？多少钱一双啊？不同的颜色和款式能不能搭配买？

2. 担心质量不好：这个篮球袜是不是纯棉的啊？穿着打球舒服吗？会不会掉色或者缩水啊？

3. 担心尺码不合适：我脚背比较宽，不影响吧？是均码的吧？

某运动服饰直播间正在热卖一批篮球装备，主播小安正在给观众们介绍一款篮球袜。对于这类低单价的产品，直播间决定开展数量折扣活动，主播不断跟观众强调买得越多越便宜，以此来增加销量，提高人气。

【应答问题这样想】

1. 观众询问数量折扣情况怎么办？

对于询问数量折扣活动的观众，主播要抓住数量折扣的"省钱""越多越便宜"这些要点进行介绍，尽可能地使他们增加购买数量和金额。

2. 观众担心质量不好怎么办？

询问篮球袜的质量问题的观众比较关注篮球袜的材质和耐用性，主播应结合篮球袜的穿着体验和感受，着重强调其带来的舒适度。

3. 观众担心尺码不合适怎么办？

询问篮球袜尺码或大小的观众，可能担心不合适的袜子会对自己做运动产生影响，主播可以注重介绍一下篮球袜的弹性和适应性，消除观众的顾虑。

【互动催单这样讲】

1. 观众询问数量折扣情况怎么做？

弹幕1：这个篮球袜买几双有折扣啊？多少钱一双啊？

主播：原价××元一双的品牌篮球袜啊！现在在我们直播间买3双只要×××元，买4双×××元，买6双更是低至×××元！相当于是打了6折！买得越多越便宜！

主播：咱们的活动只限今天哦，错过就没有了！

主播：而且啊，今天在我们直播间买5双送1双，买10双送2双，以此类推，上不封顶！

弹幕2：不同的颜色和款式能不能搭配买？

主播：可以搭配，所有颜色和款式都可以搭配啊，家人们！咱们的篮球袜都是品牌正品，质量非常好，你买2双就是原价，多买一双就能享受到折扣，多买多省！袜子又没有保质期，遇到好机会要抓住！

2. 观众担心质量不好怎么做？

弹幕1：这个篮球袜是不是纯棉的啊？穿着打球舒服吗？

主播：家人们，这不是纯棉的啊，纯棉不适合做运动袜！咱们这个袜子穿着非常舒服，因为脚底有双重加厚设计，让你跑跳落地更减震更舒服。这款袜子分区加厚，360度包裹，全方位透气吸汗！

弹幕2：会不会掉色或者缩水啊？

主播：我们的篮球袜经过了特殊的染色和处理工艺，不会掉色或者缩水，可以放心洗、放心穿！

3. 观众担心尺码不合适怎么做？

弹幕：我脚背比较宽，不影响吧？是均码的吧？

主播：不管你是什么脚型，都可以穿，完全没问题。这款篮球袜的弹性和适应性很好，而且有很好的包裹性和支撑性，能够保护你们的脚踝和足弓，防止扭伤或者磨破。

主播：咱们的这款篮球袜适合37～45号脚码，均码设计，不用费心。你要是实在担心不合适，咱们还能7天无理由退换啊！

…………

⚠️ **【关键过错不要犯】**

1. 主播要懂得引导直播间的观众参与活动，让他们不断增加购买数量、提高订单金额，不要生硬地介绍数量折扣的规则，否则达不到促销效果。

2. 主播要对数量折扣促销活动的规则熟悉，不能做出错误承诺，不能出现销售事故。

3. 主播要对篮球运动有所了解，尤其要清楚篮球袜的卖点知识，不能在应对质疑时找不到重点。

2.2.2 情景15：季节折扣法

📺 **【痛点痒点这样抓】**

1. 询问冬季的折扣情况：打几折啊？有没有时间或者数量限制啊？别卖完了我还没买到啊！

2. 担心产品的保暖问题：这个棉服外套里面夹棉吗？北方的秋天能穿吗？

3. 担心大小不合适：跟平时穿的衣服尺码一样吗？这个棉服外套会不会太厚、太重啊？

某时尚服饰直播间正在销售秋冬季节的服装，棉服外套是很多人冬天必备的保暖单品，主播小维正穿着一件棉服外套给观众们展示。为了吸引更多的观众下单，直播间决定推出冬季折扣特惠活动，所有商品的价格都低至6折。

【应答问题这样想】

1. 观众询问冬季的折扣情况怎么办？

对于询问冬季折扣特惠活动的观众，主播要抓住冬季折扣的"价低""先到先得""优惠多"这些要点进行介绍，尽可能地使他们尽快下单。

2. 观众担心产品的保暖问题怎么办？

对于询问棉服外套保暖性的观众，主播要围绕外套的防风锁温、蓄热保暖这些功能进行介绍，使观众感受到保暖的显著效果。

3. 观众担心大小不合适怎么办？

询问棉服外套大小尺寸的观众，不仅关心穿着是否合身，也对修身和美观有需求，主播应向观众提供完整的尺码表让他们参考。

【互动催单这样讲】

1. 观众询问冬季的折扣情况怎么做？

弹幕1：打几折啊？

主播：冬天马上来了，今天咱们的冬季折扣特惠活动正式开始，超级大促！直播间所有商品的价格都低至6折！

主播：不管是男装、女装还是童装，都有超多款式和颜色可供选择，而且数量有限，先到先得哦！

弹幕2：有没有时间或者数量限制啊？别卖完了我还没买到啊！

主播：每款都有库存，都能下单，大家抓紧时间，晚了就没货了！而且今天的冬季折扣特惠活动只持续到晚上12点，错过了就没有了哦！所以家人们要抓紧时间下单哦!

2．观众担心产品的保暖问题怎么做？

弹幕1：这个棉服外套里面夹棉吗？

主播：咱们这款棉服外套的内里是摇粒绒的，比夹棉的更加暖和！高密的摇粒绒内胆更加细腻柔软，穿着更加舒适，聚热锁温！

弹幕2：北方的秋天能穿吗？

主播：秋天穿是没问题的，咱们这款棉服外套的外面是一种防风的面料，外面的凉风吹不进来，里面的热气也不容易流失，就算北方的风大些也完全可以放心！

3．观众担心大小不合适怎么做？

弹幕1：跟平时穿的衣服尺码一样吗？

主播：这个棉服外套的尺码表在商品详情页上有详细的说明哦，您可以根据自己的身高和体重来选择合适的尺码。

主播：一般来说，如果您平时穿M号的话，就可以选择M号或者L号，如果您平时穿L号的话，就可以选择L号或者XL号。

弹幕2：这个棉服外套会不会太厚、太重啊？

主播：这个棉服外套虽然看起来很厚实，但其实它非常轻盈和柔软，它采用了高科技的保暖材料和工艺，能够有效地锁住体温，防止寒风侵入。而且它的版型也很合身和修身，不会显得臃肿！它能让我们既保暖又优雅！

…………

⚠ 【关键过错不要犯】

1．主播在宣传冬季折扣特惠活动时，要懂得调动观众的紧迫感和购买欲，不要浪费促销机会。

2．主播要及时回答观众的问题和疑虑，不要忽视或者敷衍观众，要用专业和真诚的态度赢得观众的信任和好感。

3．主播在回答观众关于棉服外套大小问题时，不能一味介绍宽松，也不能一味介绍修身，否则很可能顾此失彼。

2.2.3　情景16：节日折扣法

【痛点痒点这样抓】

1. 担心错过情人节折扣：情人节折扣什么时候结束？还有多少库存？可以预订吗？

2. 询问产品的款式、颜色：有情侣款吗？有什么颜色可以选择？男生女生都适合穿吗？

3. 关心产品的质量、舒适度：面料是什么？透气吗？会不会缩水变形？

某服装品牌直播间正在销售夏季新品，主播小惠正在向直播间的观众介绍一款情侣短袖。为了在情人节期间获得亮眼的销售业绩，直播间特别推出了情人节折扣活动。

【应答问题这样想】

1. 观众担心错过情人节折扣怎么办？

担心错过情人节折扣的观众，一般有较强的购买意愿，但是对于活动的截止时间和商品的库存不确定，主播要给予他们紧迫感，促使他们尽快下单。

2. 观众询问产品的款式、颜色怎么办？

对于询问情侣短袖的款式、颜色问题的观众，主播可以围绕情侣短袖的设计、印花和搭配进行介绍，结合自己或模特的试穿效果和个性特点进行推荐。

3. 观众关心产品的质量、舒适度怎么办？

对于询问情侣短袖的质量、舒适度问题的观众，主播可以围绕情侣短袖的材质、工艺和洗涤方式进行介绍，通过近距离的实物拍摄来展示情侣短袖的质感和细节，以增加观众的信任感。

【互动催单这样讲】

1. 观众担心错过情人节折扣怎么做？

弹幕1：情人节折扣什么时候结束？

主播：宝宝们，咱们这个活动是一个限时限量的活动啊！咱们家的这款情侣短袖只有今天才有8.8折的优惠啊！明天就恢复原价了！

弹幕2：还有多少库存？可以预订吗？

主播：咱们家的这款情侣短袖是每个颜色、每个尺码都只有几件啊！现在已经卖出去一半了！你们看我手里拿着的这个粉色S码的就只剩下最后一件了！如果你们喜欢就要赶紧下单啊！不然就没了！咱们家不做预订的哦，这也是为了保护你们的权益！

2. 观众询问产品的款式、颜色怎么做？

弹幕1：有情侣款吗？

主播：当然有啦！咱们家的这款情侣短袖就是专门为恋人们设计的啊！你们看它的印花上有一对小熊，男款的是蓝色的，女款的是粉色的，非常甜蜜和浪漫啊！

弹幕2：有什么颜色可以选择？男生女生都适合穿吗？

主播：咱们家的这款情侣短袖一共有四种颜色可选，分别是白色、黑色、蓝色和粉色。你们看我和模特今天穿的就是蓝色和粉色的这款，非常清爽和可爱啊！这款情侣短袖的版型是宽松的，男生女生都可以穿，不挑身材，不挑肤色！

3. 观众关心产品的质量、舒适度怎么做？

弹幕1：面料是什么？

主播：咱们家的这款情侣短袖用的是纯棉面料啊！你们看我把它拉近一点，你们可以看到它的纹理非常细腻和柔软，手感非常舒服啊！

弹幕2：透气吗？会不会缩水变形？

主播：咱们家的这款情侣短袖非常透气啊！它的纯棉面料可以有效地吸收汗水，让你们在夏天穿着也不会闷热啊！而且咱们家的这款情侣短袖经过了特殊的处理，不会缩水也不会变形，洗了也不会掉色，大家放心大胆地穿吧！

…………

⚠ 【关键过错不要犯】

1. 主播在介绍情人节折扣环节要注意与观众的情感共鸣，不要只是讲解优惠力度，要懂得营造浪漫和温馨的氛围。

2. 直播间设置的情人节折扣活动要合理合法，不能涉嫌欺诈或违反平台规则，更不能损害消费者的权益。

3. 主播在回答观众的提问时，不能只是陈述事实，要懂得添加一些展示情侣短袖的优点和特点。

2.3 讲痛点：痛点留人3问

2.3.1 情景17：你是一个追赶潮流与时尚的人吗

▶【痛点痒点这样抓】

1. 担心风衣不适合自己的风格：风衣是不是只有职场人士才穿？会不会显得太正式、太老气？

2. 担心风衣不好搭配：风衣要怎么搭配才能显得时尚？风衣要配什么样的鞋子、包包、配饰？

3. 担心风衣不耐穿：风衣的面料是什么？容易起球吗？容易褪色吗？容易皱吗？

某服装品牌直播间正在销售秋季新品，主播小瑜正在向直播间的观众介绍一款风衣。为了吸引年轻消费者，她特别讲解了一些潮流与时尚方面的内容，以此来突显和展示品牌的特点。

【应答问题这样想】

1. 观众担心风衣不适合自己的风格怎么办？

对于担心风衣不适合自己的风格的观众，主播可以围绕风衣的多样性和百搭性进行介绍，展示不同场合、不同气质、不同年龄段的穿搭示范，打破观众对风衣的刻板印象，让他们看到风衣的魅力。

2. 观众担心风衣不好搭配怎么办？

对于担心风衣不好搭配的观众，主播可以围绕风衣的色彩、款式和细节进行介绍，给出一些简单易行的搭配建议，让观众学会如何穿出自己的个性和品位。

3. 观众担心风衣不耐穿怎么办？

对于担心风衣不耐穿的观众，主播可以围绕风衣的材质、工艺和保养进行介绍，通过近距离的实物拍摄来展示风衣的质感和做工，以及告诉观众如何正确清洗和收纳风衣，让他们放心购买。

【互动催单这样讲】

1. 观众担心风衣不适合自己的风格怎么做？

弹幕：风衣是不是只有职场人士才穿？会不会显得太正式、太老气？

主播：亲爱的，你说的这种情况完全不存在啊！咱们家这款风衣非常有型有款！它既可以穿出职业女性的干练优雅，也可以穿出时尚女孩的活泼可爱！

主播：你们看我今天穿的就是这款风衣，它的颜色是浅灰色的，非常百搭，不挑肤色！它的版型是收腰的，可以很好地修饰身材，显得高挑。

主播：它的领口是立领的，可以很好地保暖，也可以展现脖子的线条。它的袖口是有扣子的，可以调节松紧，也可以卷起来，增加一些随性的感觉。

主播：我今天搭配了一件白色的针织衫和一条黑色的牛仔裤，这一整个就是简单又时尚的感觉！这样穿出去，既有气质又有气场！

2. 观众担心风衣不好搭配怎么做？

弹幕1：风衣要怎么搭配才能显得时尚？

主播：亲爱的，咱们家这款风衣非常好搭配！它的颜色是浅灰色的，非常百搭，几乎可以和任何常规颜色的上衣、裤子、裙子搭配。你可以根据自己喜欢的

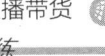

风格来选择不同的搭配方案。

弹幕2：风衣要配什么样的鞋子、包包、配饰？

主播：比如说，你喜欢甜美可爱的风格，你可以搭配一件粉色或者白色的连衣裙，再穿一双白色或者粉色的小皮鞋或者帆布鞋，再背一个小巧精致的包包，再戴一些可爱的配饰，这样就可以打造出一个甜美可爱的造型啦！

主播：或者说，你喜欢简约大方的风格，你可以搭配一件黑色或者白色的T恤或者衬衫，穿一条黑色或者牛仔色的裤子或者裙子，配一双黑色或者棕色的皮鞋或者靴子，背一个简约大方的包包，戴一些简约大方的配饰，这样就可以打造出一个简约大方的造型啦！

3. 观众担心风衣不耐穿怎么做？

弹幕1：风衣的面料是什么？

主播：亲爱的，咱们家这款风衣用的是高品质的涤纶面料。我把镜头拉近给大家看看，你们看，它的面料非常细腻平滑，没有任何瑕疵！

弹幕2：容易起球吗？容易褪色吗？容易皱吗？

主播：这种面料具有很好的防皱、防缩水、防褪色、防起球功能，摸起来很柔软，穿起来很舒适，不会刺激皮肤。而且这款风衣的走线非常整齐规范，没有任何多余的线头。它的扣子也非常精致，不紧也不松，看起来很结实而且好扣。这些都是高品质风衣的标准条件！

…………

⚠【关键过错不要犯】

1. 主播在介绍风衣时，要注意适当地变换展示的角度和距离，让观众能够清楚地看到风衣的整体和细节，不要一直用同一个角度和距离拍摄，这样会让观众感觉单调和无聊。

2. 主播在介绍风衣时，要注意控制好语速和语调，不要说得太快或太慢，不要声音太高或太低，要根据风衣的特点和氛围来调节自己的声音，让观众的情绪被感染。

3. 主播在介绍风衣时，不要使用一些贬义或者敏感的词语，比如"便宜""廉价""过时""老土"等，这样会影响风衣的形象和品牌的信誉。主播要使用一些赞美或者中性的词语，比如"实惠""优惠""经典""百搭"等。

2.3.2 情景18：你是一个适应场合与讲究的人吗

【痛点痒点这样抓】

1．不知道什么场合适合穿休闲西装：是不是只能在工作或者正式的场合穿？平时出去玩或者约会时可以穿吗？会不会太装？

2．不知道如何搭配休闲西装：是不是只能搭配衬衫和西裤？可以搭配牛仔裤或者T恤吗？什么颜色和款式的比较好看？

3．不知道如何选休闲西装：是不是要选刚刚好合身的？什么面料和质感得比较舒服？什么样的细节和设计比较有特色？

某服装品牌直播间正在销售春季新品，主播小昊正在向直播间的观众介绍一款休闲西装。很多人对于西装这类相对正式的服装没有特别准确的了解，不少观众怕自己闹了笑话，主播趁此机会一边回答大家的问题，一边讲解西装穿着场合与穿着讲究相关的内容来促进销售。

【应答问题这样想】

1．观众不知道什么场合适合穿休闲西装怎么办？

询问休闲西装适合的场合的观众，可能面临出席一些特殊活动的需求，但是对于休闲西装的风格和功能不太清楚，主播要给予他们指导，使他们放心。

2．观众不知道如何搭配休闲西装怎么办？

对于询问休闲西装的搭配问题的观众，主播可以围绕休闲西装的颜色、花色和款式进行介绍，结合自己或模特的穿着示范和潮流趋势进行推荐。

3．观众不知道如何选休闲西装怎么办？

对于询问休闲西装的选购问题的观众，主播可以围绕休闲西装的剪裁、面料和细节进行介绍，通过展示休闲西装的特色和品质来吸引他们。

【互动催单这样讲】

1. 观众不知道什么场合适合穿休闲西装怎么做？

弹幕1：是不是只能在工作或者正式的场合穿？平时出去玩或者约会时可以穿吗？会不会太装？

主播：家人们，咱们家这款休闲西装可是非常百搭的啊！它既可以穿在工作或者正式的场合，也可以穿在平时出去玩或者约会时，不会像正式西服那样太正式、太刻板！

弹幕2：比如什么样的场合可以穿呢？

主播：比如说你要去参加一个朋友的婚礼，你可以搭配一件白色衬衫和一条深色西裤，就很优雅很得体。你要去跟客户、同事喝个酒、聊个天，你可以搭配一件衬衫和一条卡其裤，看起来既休闲又有自信！

主播：又或者说你要去跟女朋友吃个饭、看个电影，你可以搭配一件T恤和一条牛仔裤，既休闲又时尚，肯定不会被说不重视约会了！这款休闲西装可以应对各种场合，让你随时随地都能穿出自己的风格！

2. 观众不知道如何搭配休闲西装怎么做？

弹幕1：是不是只能搭配衬衫和西裤？可以搭配牛仔裤或者T恤吗？什么颜色和款式的比较好看？

主播：家人们，咱们家这款休闲西装可是非常好搭的啊！它不像正式西服那样只能搭配衬衫和西裤，它可以搭配各种上衣和下装，只要注意颜色和风格的协调就行。

主播：你们看我今天穿的就是这款浅灰色的休闲西装，灰色是一种非常经典的颜色，可以跟很多颜色搭配。我搭配了一件浅蓝色的衬衫，就很有层次感和质感。我们也可以简单搭配一件白色的T恤，也很简洁和清爽。想看起来鲜艳和活泼一点的，可以搭配红色的衬衫。

弹幕2：那下装呢？可以搭配牛仔裤吗？

主播：当然可以啊！咱们家这款休闲西装跟牛仔裤也是非常合拍的啊！我今

第 2 章 ▶▶ 留人三讲：讲福利，讲折扣，讲痛点

天就搭配了一条深蓝色的牛仔裤，很有型有范。

主播：你也可以选择浅色或者破洞的牛仔裤，这样看起来更加休闲和潮流。当然，如果你想要更加正式一点，你也可以选择搭配西裤或者卡其裤，这样看起来会更加商务一些。

3. 观众不知道如何选休闲西装怎么做？

弹幕1：是不是要选刚刚好合身的？什么面料和质感得比较舒服？

主播：休闲西装可以选择稍稍宽松一些的，不用像正式西装那样紧绷，我们家这款休闲西装穿起来就很舒服。

主播：它不像正式西服那样要求非常合身，它有一定的宽松度和活动度，让你穿着自在不拘束。它采用了高品质的羊毛面料，具有轻盈、透气、防皱、保暖等优点，让你在春季穿着既舒适又温暖。

弹幕2：什么样的细节和设计比较有特色？

主播：我们家这款休闲西装有很多意式风格的细节和设计，可以让你看起来既有型又有气质！

主播：像它的衬衫袖，就是一种特殊的袖口设计，可以让你把衬衫的袖子露出来，增加一些层次感和时尚感。还有它的双开叉，就是一种增加活动度和舒适度的设计，可以让你走路或者坐下的时候不会感觉拘束。

主播：它的口袋也是一种增加实用性和个性的设计，可以让你放一些小物件或者装饰一些小配饰。这款休闲西装有很多细节和设计都是非常有特色的，可以让你穿出自己的风格和品位！

…………

⚠ 【关键过错不要犯】

1. 主播在介绍穿着场合与穿着讲究环节要注意与观众互动，不要只是罗列信息，要懂得引导观众，激发他们的购买兴趣和需求。

2. 主播在介绍休闲西装的搭配时要注意风格和颜色的协调，不要随意搭配，要根据观众的穿着场合和个人喜好进行推荐。

3. 主播在介绍休闲西装的选购时要注意展示休闲西装的特色和品质，不要

忽略细节和设计，要让观众感受到休闲西装的价值和魅力。

2.3.3　情景19：你是一个不断改变与有个性的人吗

【痛点痒点这样抓】

1. 担心穿着喇叭裤会显得很土气：喇叭裤还流行吗？穿它会不会被人笑话？怎么才能穿出时尚感？

2. 担心穿着喇叭裤会显得臃肿或不协调：喇叭裤适合什么身材？怎么才能穿出好比例？怎么搭配上衣和鞋子？

3. 担心穿着喇叭裤会失去个性或随大溜：喇叭裤有什么特别之处？怎么才能穿出自己的风格？怎么才能与众不同？

某服装品牌直播间正在销售秋季新品，主播小岚正在向直播间的观众介绍喇叭裤。为了吸引那些追求个性的消费者，她特别讲解了与喇叭裤相关的时尚文化历史。

【应答问题这样想】

1. 观众担心穿着喇叭裤会显得很土气怎么办？

对于担心穿着过时或土气的观众，主播可以从时尚趋势和复古风格两个方面进行回应。主播可以告诉观众，喇叭裤是近年来复兴的经典款式，它们在国际时装周和明星街拍中都有出现，也是20世纪80年代的代表元素，它们可以营造出一种复古而有个性的风格。

2. 观众担心穿着喇叭裤会显得臃肿或不协调怎么办？

对于担心喇叭裤会显得臃肿或不协调的观众，主播可以从版型设计和搭配技巧两个方面进行回应，强调其带来的收腰显瘦的视觉效果。

3. 观众担心穿着喇叭裤会失去个性或随大溜怎么办？

对于担心穿着喇叭裤会失去个性或随大溜的观众，主播可以从细节设计和个性化定制两个方面进行回应，强调产品细节的亮点，以及时尚感、品质感。

第 2 章　▶　留人三讲：讲福利，讲折扣，讲痛点

💬**【互动催单这样讲】**

1. 观众担心穿着喇叭裤会显得很土气怎么做？

弹幕1：喇叭裤还流行吗？穿它会不会被人笑话？

主播：宝宝们，不要担心啊！喇叭裤可是现在最火的时尚单品啊！你们看看国际时装周和明星街拍，有很多人穿着喇叭裤出镜呢！而且喇叭裤还有一种复古的韵味，可以让你穿出20世纪80年代的风格，非常有个性哦！

弹幕2：怎么才能穿出时尚感？

主播：其实穿出时尚感很简单啊！重点在于抓住色系和质感。比如说，一条黑色或者深蓝色的牛仔喇叭裤，搭配一件白色或者灰色的T恤，再配上一双白色或者黑色的运动鞋，就是一种简约的都市丽人风格！

2. 观众担心穿着喇叭裤会显得臃肿或不协调怎么做？

弹幕1：喇叭裤适合什么身材？

主播：宝宝们，喇叭裤是一种适合各种身材的裤子，无论你是高瘦还是矮胖，都可以穿出自己的美！

主播：喇叭裤的特点就是上紧下松，可以修饰你的臀部和大腿，让你的曲线更加优美。而且喇叭裤的下摆可以平衡你的腿部比例，让你的腿看起来更加修长和匀称。

主播：所以呢，无论你是直筒形、梨形、苹果形、沙漏形还是其他类型的身材，只要你选择合适的尺码和款式，你就可以穿出自信和舒适！

弹幕2：怎么才能穿出好比例？怎么搭配上衣和鞋子？

主播：穿出好比例其实很简单啊！我告诉大家四大要点，你们记住就行了。

主播：第一，选择高腰收腹的喇叭裤。咱们家这款喇叭裤就是高腰设计的，可以有效地拉长你的腿部线条，收紧你的腰部曲线，让你看起来更加高挑和苗条。

主播：第二，选择修身剪裁的喇叭裤。咱们家这款喇叭裤是上紧下松的版型，可以紧贴你的臀部和大腿，突出你的曲线美，同时不会显得臃肿。

主播：第三，选择合适的上衣长度和款式。咱们家这款喇叭裤最好搭配短款或者中长款的上衣，可以避免遮挡你的腰线，让你的身材比例看起来更加协调。

主播：第四，选择合适的高度和样式的鞋子。咱们家这款喇叭裤最好搭配有一定高度的鞋子，可以增加你的身高感，让你的腿部看起来更加修长。

3. 观众担心穿着喇叭裤会失去个性或随大溜怎么做？

弹幕1：喇叭裤有什么特别之处？

主播：它的特别之处就在于历史色彩，它是20世纪80年代的重要时尚要素！而且它的剪裁设计即使在今天也是十分优秀的。时尚是一个圆，现在，它又转回了这里！

弹幕2：怎么才能穿出自己的风格？怎么才能与众不同？

主播：你的个人气质就是你的穿搭风格，你选择我们家的衣服，就说明你有与众不同的审美和品位。

主播：不需要费神费力地去想怎么与众不同，最好的风格就是你自己的风格！

主播：我们家还支持个性化定制，可以帮助大家定制你想要的图案、颜色、款式！我们力图满足每个人不同的需求和喜好！

主播：是的，你没有听错！咱们家这款喇叭裤可以自己选择想要的长度、图案、颜色等，让它专属于你！你可以根据你的身高和腿型来选择合适的长度，穿出最佳的比例。

…………

【关键过错不要犯】

1. 主播要客观地介绍喇叭裤的优势和特点，不要对喇叭裤的优势和特点过分夸张，不能利用观众的无知或盲目来诱导他们购买。

2. 主播要与观众保持良好的互动和沟通，及时回应观众的提问，不要让观众感到被忽视或冷落，要保持耐心，给出专业的解答。

3. 主播不要忘记在直播中使用追求不同与个性这一主题来吸引和留住观众。追求独特与个性是喇叭裤直播销售的核心卖点，也是吸引年轻人关注的重要手段，主播要在直播中不断点明这一主题。

2.4 语句示范：直播间留人经典语句

2.4.1 喊话路人的经典语句

【经典语句1】

订阅没有点，感情走不远，关注没有点，永远在闲逛！

【经典语句2】

十年修得同船渡，咱们一起点屏幕。百年修得共枕眠，认识大家都是缘！

【经典语句3】

万水千山总是情，咱的家人最热情。点个关注不迷路，主播绝对没套路！

【经典语句4】

月落乌啼霜满天，今天货好价又廉。故人西辞黄鹤楼，咱们粉丝就是牛！

【经典语句5】

日照香炉生紫烟，感谢来到直播间。主播今天刚起步，感谢你们来帮助！

2.4.2 留住互动者的经典语句

【经典语句1】

您不用讲价！更不用还价！每件的价格都是惊爆价！

【经典语句2】

机会不是天天有，该出手时就出手！错过今天，错过一个更美的机会！

【经典语句3】

不懂搭配、不会搭配的姐妹，千万不能划走，让我给你一次新生！

【经典语句4】

走过南闯过北，认识大家不后悔！不服山不服水，就服粉丝这张嘴！

【经典语句5】

一见主播点关注，二话不说刷礼物，都是粉丝别吃醋，你的温柔我记住！

2.5 句式总结：直播间留人句式模板

2.5.1 留住路人，渲染气氛的句式

1. 来来来，这边走走，这边看看，这边不看，终生遗憾！家人们，本店即将_____（活动理由），全场紧急_____（促销活动）。所有服装_____（促销说法），彻底的_____（促销说法），超低的价格，赔钱的_____（促销说法）！请进来挑一挑，选一选，款式多多，实惠多多！时间不多，好机会不容错过！

2. 不怕货比货，最怕不识货！所有服装都_____（促销活动），同样的商品，同样的质量，不同的_____（卖点），不同的价格！件件让你心动，款款让你行动！买得越多，实惠越多！纵有家财万贯，还得精打细算！买到就是赚到，

机不可失，失不再来！

3．好消息，好消息，特大好消息！直播间的_____（对观众的称呼）们，为了回笼资金，即日起我们直播间所有服装疯狂大减价，全场_____（促销活动），只求清仓，不计成本！家人们，勿失良机！快来选购！

2.5.2　留住粉丝，福利折扣式句式

1．欢迎_____（公屏观众昵称），欢迎_____（公屏观众昵称），欢迎_____（公屏观众昵称），欢迎_____（公屏观众昵称），欢迎大家，各位直播间的_____（对观众的称呼）们，两分钟内下单，可以享受9折优惠哦！_____（对观众的称呼）们，千万别走神，今天晚上我们随时给大家送福利，说不定你没注意就错过了大红包！

2．各位_____（对观众的称呼）们，本直播间今晚福利不断，待得越久，福利越多哦！我们在直播过程中设置了很简单的直播彩蛋，坚持到最后并发现彩蛋的_____（对观众的称呼）们，可以获得神秘大奖！

3．各位_____（对观众的称呼）们，今天是本月首播，我这里还有_____（礼物数量）份_____（产品名称），现在就作为福利6折送给大家，仅限开播十分钟内下单的_____（对观众的称呼）们购买哦，大家抓紧！

2.5.3　留住互动者，痛点激发式句式

1．女人为了身材、美丽和气质是要付出一定代价的。我们这款衣服的_____（卖点）是稍微_____（特点）一点，但能使你的身材看起来更匀称、更_____（赞美）、更_____（赞美），为了解决您的_____（痛点）与_____（痛点）问题，我相信付出一点代价绝对是值得的！

2．家人们，看看这件_____（服装），是不是非常_____（赞美）？这

件_____（服装）是由_____（材料）的面料制成，非常_____（卖点），而且不易_____（卖点），非常适合_____（季节）穿着。它的版型是宽松的_____（版型名称）型，能够遮住_____（痛点）和_____（痛点），显得身材更加苗条！

3. 今天我给大家推荐的是这双_____（鞋履）。它是一款_____（卖点）的跑步鞋，采用了_____（卖点）技术和_____（卖点）材质，能够为你提供_____（卖点）和_____（卖点）效果。它的重量是_____（卖点），适合中等体重的跑者。如果你还苦恼于找不到专业、高性价比的入门跑鞋，那么这双鞋一定是你的最佳选择！

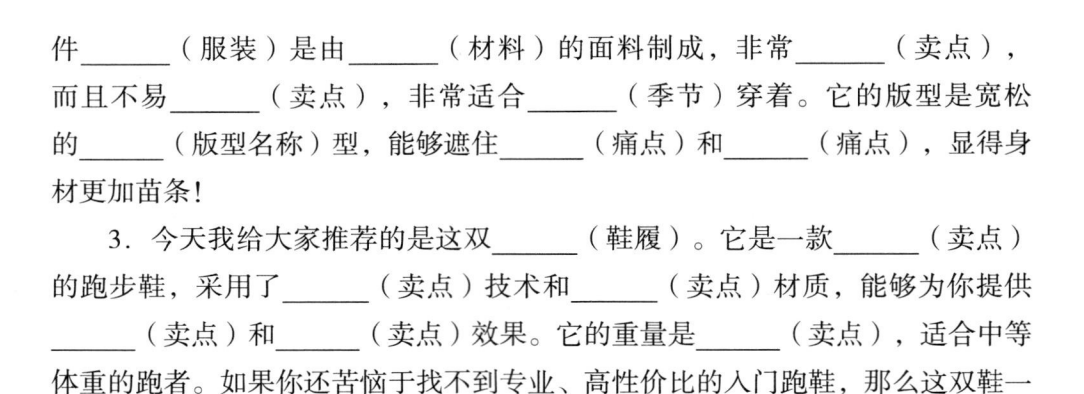

第 3 章

推介三谈：
谈物美，谈价廉，谈品牌

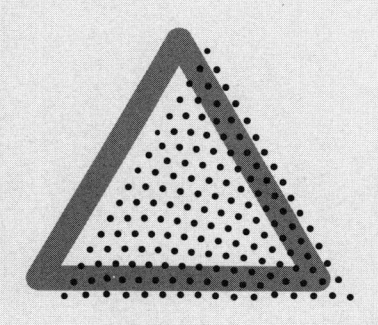

3.1 谈物美：产品介绍的3个维度

3.1.1 情景20：价值介绍

【痛点痒点这样抓】

1. 担心跑鞋不适合自己：怎么选合适的跑鞋？有什么标准可以参考吗？哪些品牌和款式的比较好？

2. 担心跑鞋不耐穿，容易损坏或变形：跑鞋的材质和工艺如何？有什么保障吗？

3. 担心跑鞋不舒适，影响跑步效果和体验：跑鞋的缓震效果、支撑性、透气性如何？有什么特色技术吗？

某鞋类产品直播间正在展示几款专业的运动跑鞋，适合有不同的跑步需求和水平的人。主播小飞为了让观众了解跑鞋的价值，准备了一些有关价值介绍的内容，想通过讲解跑鞋的功能、优势、特点等，提高观众的认知和信任度。直播间观众一边看直播一边与主播进行了积极互动。大部分观众都对直播间里跑鞋的品牌、类型、质量等内容非常感兴趣。

【应答问题这样想】

1. 观众担心跑鞋不适合自己怎么办？

观众对跑鞋的选择有疑惑，主播要根据观众的具体情况，给出专业的建议和指导，帮助观众找到适合自己的跑鞋。

2. 观众担心跑鞋不耐穿怎么办？

观众担忧跑鞋的质量，可能是因为之前买过劣质的跑鞋，主播要详细介绍跑鞋的价值，以及品牌和店铺的售后服务和保障情况，让观众放心购买。

3. 观众担心跑鞋不舒适怎么办？

观众关注跑鞋的舒适度，可能是因为想要提高自己的跑步效果和体验，主播要详细介绍跑鞋的缓震、支撑、透气性等方面的特色技术和优点，让观众感受到跑鞋的价值。

【互动催单这样讲】

1. 观众担心跑鞋不适合自己怎么做？

弹幕1：我想买双新的跑鞋，怎么选合适的跑鞋？

主播：健康生活，从选对跑鞋开始！各位家人们想必都是热爱运动、热爱跑步的吧，那大家来我家真是来对地方了！今天我给大家带来了几款专业的运动跑鞋，无论你是新手还是老手，无论你是轻量级的还是重量级的，你都能找到适合自己并且物超所值的那一双。

弹幕2：有什么标准可以参考吗？

主播：大家选跑鞋的时候，要根据自己的足型、体重等因素来选择。不同的跑鞋有不同的功能和侧重点，我会在后面给大家详细讲解这些分类和区别，帮助大家找到最适合自己的跑鞋。

弹幕3：哪些品牌和款式的比较好？

主播：我家的跑鞋都来自国际知名的运动品牌，比如××（品牌名）、××（品牌名）等，它们都有自己的特色技术和优势，这些技术能够为你的跑步提供更好的保护和支持。我会一一给大家展示这些跑鞋的款式和特点。

2. 观众担心跑鞋不耐穿怎么做？

弹幕：跑鞋的材质和工艺如何？有什么保障吗？

主播：我家的跑鞋都是采用高品质的材料和工艺制作的，比如鞋面都采用高密度网布或者防泼水网布，既透气又耐磨；鞋底都采用高弹性橡胶或者碳素橡胶，既轻便又耐用；鞋垫都采用记忆海绵，既舒适又防滑。

我家还为大家提供了完善的售后服务和保障，如果你在收到货后发现有任何质量问题或者不满意，我们都可以为你免费退换货或者退款，让你买得放心，穿

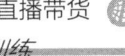

得舒心。

3．观众担心跑鞋不舒适怎么做？

弹幕：跑鞋的缓震效果、支撑性、透气性如何？有什么特色技术吗？

主播：我家的跑鞋都是具有很好的缓震效果、支撑性、透气性的，每款跑鞋都有自己的特色技术和优点。当你奔跑的时候，它可以有效地吸收着地时产生的冲击力，保护你的脚踝和膝盖。跑鞋整体采用人体工学原理，可以有效地分散冲击力，并提供稳定支撑；可以有效地提高回弹性能，并增加稳定性。经常穿咱家鞋的就知道咱家的鞋价值感十足！

…………

⚠【关键过错不要犯】

1．跑鞋并不是一种"一刀切"的产品，不同的跑者有不同的需求和喜好，主播不要忽视产品的适用性和个性化，要注意根据不同的用户群体，突出产品的适用性和个性化。

2．主播不要过度夸大产品的性能和效果，要注意用客观、真实、准确的语言来描述产品的特点和优势。

3．主播不要忽略产品的价值感和体验感，要注意从消费者的角度出发，用生动、形象、感性的语言来描述产品的价值感和体验感。

3.1.2　情景21：材质介绍

【痛点痒点这样抓】

1．担心材质不耐用：斜挎包的面料和部件容易磨损吗？有没有防水、防划的功能？这种材质耐用吗？

2．担心材质不舒适：背带和背垫舒适吗？

3．担心材质不环保：材质是否环保？有没有异味或有害物质？

某日用背包直播间正在展示一款斜挎包。它是一款来自一家行业领先品牌企业的产品，拥有××多年的历史。这家企业对于产品质量和做工都是十分看重的。直播间观众一边看直播一边与主播进行积极互动，大部分观众都对直播间的斜挎包的材质、功能、设计等内容非常感兴趣。

【应答问题这样想】

1. 观众担心材质不耐用怎么办？

观众关注斜挎包的耐用性，可能是因为他们想要长期使用这个包。主播要详细介绍斜挎包的面料和部件的特点和优势如何保证耐磨、防水等性能。

2. 观众担心材质不舒适怎么办？

对于关注斜挎包的舒适性的观众，主播要详细介绍斜挎包的背带、背垫的设计和材质如何保证柔软、透气、贴合等性能。

3. 观众担心材质不环保怎么办？

对于关注斜挎包的环保性的观众，主播要详细解答斜挎包的材质是否符合环保标准，有没有经过相关检测和认证，有没有异味或有害物质等问题。

【互动催单这样讲】

1. 观众担心材质不耐用怎么做？

主播：轻便实用，时尚潮流，选××斜挎包！各位家人们想必都在寻找一款既方便又好看的斜挎包吧，那大家来我家真是来对地方了！今天我给大家带来了一款超级火爆的斜挎包。它不仅设计精巧，功能齐全，还有超级优质的材质哦！

弹幕1：斜挎包的面料和部件容易磨损吗？

弹幕2：有没有防水、防划的功能？

主播：这款斜挎包采用了EVA+PU的组合材质。EVA是一种高分子材料，具有很好的韧性和弹性，可以有效地保护你的物品免受撞击和摩擦。PU是一种合成皮革，具有很好的防水、防划的功能，可以让你的包包在任何天气下都保持干净。

弹幕3：这种材质耐用吗？

主播：当然耐用啦！这款斜挎包是一家行业领先品牌企业的产品，拥有××多年的历史，这家企业对于产品质量和做工都是十分看重的。这款斜挎包的面料和部件都经过了严格的测试和检验，在使用中不易出现破损、褪色、变形等问题。

2. 观众担心材质不舒适怎么做？

弹幕：背带和背垫舒适吗？

主播：这款斜挎包的背带和背垫都采用了3D立体网眼的设计，可以有效地分散背部的压力，增加背部的透气性，让你在使用过程中感觉轻松舒适。而且背带的长度还可以根据你的身高和喜好进行调节，无论你是高个子还是矮个子，都能舒适背挎。

3. 观众担心材质不环保怎么做？

弹幕：这种材质环保吗？

弹幕：有没有异味或有害物质？

主播：这款斜挎包的材质都是符合国际环保标准的，没有使用有害物质或者染料，也没有产生异味或者污染，是一款非常环保的产品。而且这款斜挎包还有一个特别的功能，就是它可以折叠收纳，占用很小的空间，方便你出行。

…………

⚠【关键过错不要犯】

1. 材质介绍要结合产品的功能和特点，不要只说材质本身的性能，要让观众感受到材质对产品的价值和影响。

2. 主播要注意使用专业和准确的词汇和语言，不要使用模糊或者错误的概念，要让观众对主播的专业性信服和放心。

3. 主播要注意控制好语速和语调，不要说得太快或者太慢，语调太高或者太低，要让观众听得清楚和舒服。

3.1.3 情景22：款式介绍

【痛点痒点这样抓】

1. 不知道如何选择适合自己的鸭舌帽：怎么选合适的款式？不同的脸型和发型应该怎么搭配？

2. 不知道如何搭配鸭舌帽：鸭舌帽可以和什么样的服装和风格相配？有没有什么搭配示范？有什么注意事项？

3. 不知道如何保养鸭舌帽：怎么清洗和收纳？

某鞋帽产品直播间正在展示几款不同款式的鸭舌帽，主播小沐想通过介绍鸭舌帽的款式特点和搭配技巧，让观众了解鸭舌帽的魅力，提高观众的购买欲。直播间的观众一边看直播一边积极互动，大部分观众对直播间鸭舌帽的品牌、设计、质量、价格等内容非常感兴趣。

【应答问题这样想】

1. 观众不知道如何选择适合自己的鸭舌帽怎么办？

观众对鸭舌帽的选择可能有一些困惑，主播要根据观众的脸型和发型，推荐适合他们的款式和颜色，同时也要介绍鸭舌帽的发展历史和文化背景，增加观众的兴趣和认同感。

2. 观众不知道如何搭配鸭舌帽怎么办？

观众对鸭舌帽的搭配可能有一些疑问，主播要根据不同的场合和风格，给出一些实用和时尚的搭配建议，同时也要注意介绍一些搭配误区，提高观众的穿搭水平和信心。

3. 观众不知道如何保养鸭舌帽怎么办？

观众对鸭舌帽的保养可能有一些忽视，主播要告诉观众鸭舌帽的材质特性和清洗方法，同时也要教观众如何正确地收纳和保存鸭舌帽，以延长鸭舌帽的使用寿命和美观度。

【互动催单这样讲】

1. 观众不知道如何选择适合自己的鸭舌帽怎么做？

主播：做有型潮人，选××鸭舌帽！今天我给大家带来了几款超级经典的鸭舌帽，不仅款式多样，而且有超级优惠的价格哦！

弹幕：我头有点大，什么样的鸭舌帽适合我？

主播：头有点大的家人们不用担心，我们所有款式的鸭舌帽都是可以调节帽围大小的。一般来说，如果你的脸型比较圆，可以选择一些较深的颜色和较窄的帽檐，这样可以拉长你的脸型；如果你的脸型比较长，可以选择一些较浅的颜色和较宽的帽檐，这样可以平衡你的脸型。

2. 观众不知道如何搭配鸭舌帽怎么做？

弹幕1：鸭舌帽可以和什么服装和风格搭配？

主播：鸭舌帽是一种非常百搭的单品，它可以和各种服装和风格相配，给你增加一份时尚感和个性感。

弹幕2：有没有什么搭配示范？

主播：当然有啦！咱们直播间有多款鸭舌帽可供选择，每款都有不同的颜色和图案，你可以根据你的喜好和场合来挑选不同款式。如果你想要一个清爽的夏日风格，你可以选择一款浅色的鸭舌帽，然后搭配一件简单的T恤或者衬衫；如果你想要一个运动的风格，你可以选择一款带有logo或者字母的鸭舌帽，然后搭配一件运动服或者卫衣；如果你想要一个商务的风格，你可以选择一款素色或者条纹的鸭舌帽，然后搭配一件西装外套或者风衣！

弹幕3：有没有什么搭配的注意事项？

主播：搭配鸭舌帽也要注意一些细节哦！你要注意鸭舌帽的颜色和服装的颜色要协调，不要太过于突兀或者花哨，还要注意鸭舌帽的角度和位置要适合你的发型和气质，不要太高或者太低！这都是一些小技巧呢。

3. 观众不知道如何保养鸭舌帽怎么做？

主播：咱家鸭舌帽都是采用优质的棉、毛、丝、麻等天然材质制作的，非常柔软和透气。但是这也意味着需要特别注意它们的清洗和保养的方式哦！

弹幕1：那具体怎么清洗呢？

主播：一般来说，鸭舌帽不建议经常清洗，因为过度的清洗会导致帽子变形或者褪色。如果不小心弄脏了，你可以用一块干净的湿布轻轻擦拭，或者用一把软毛刷子轻轻刷去。如果需要深度清洗，记得要用温水和中性洗涤剂手洗，不要用热水或者漂白剂，清洗后要用毛巾吸干水分，然后放在通风的地方自然晾干，不要暴晒。

弹幕2：那怎么收纳呢？

主播：大家日常要保持鸭舌帽的形状和平整度，不要随意折叠或者压扁，不要放在潮湿或者脏乱的地方，也不要放在阳光直射或者灰尘多的地方。最好用一个专门的帽子盒或者袋子来存放鸭舌帽，这样可以避免鸭舌帽受到外界的影响和损伤。

…………

⚠【关键过错不要犯】

1. 主播介绍鸭舌帽的款式时，要注意突出鸭舌帽的特色和优势，不要只说一些普通的标签信息，要让观众感受到鸭舌帽的独特性和款式区别。

2. 主播介绍鸭舌帽的搭配时，要注意适应不同的观众需求和喜好，不要只推荐一种风格或者颜色，要给出多种选择和建议，让观众有更多的选择范围。

3. 主播介绍鸭舌帽的保养时，要提醒观众注意鸭舌帽的使用和保存方法，不要让观众忽视鸭舌帽的清洁和保养，要让观众觉得主播的建议非常贴心且专业。

3.2 谈价廉：价格介绍的3个说明

3.2.1 情景23：为什么打折销售

【痛点痒点这样抓】

1. 质疑折扣力度：短袖打多少折？有多便宜？
2. 询问款式是否新颖：短袖有什么新款？跟别的品牌有什么区别？
3. 好奇产品是否适合自己：短袖适合什么体型的人穿？适合在什么场合穿？

某服装品牌直播间正在展示几款打折的短袖。正值换季时节，主播小柠开场准备了一些打折活动吸引观众，想通过价格优势吸引大家停留在直播间。直播间观众一边看直播一边积极互动，大部分观众都对短袖的价格、款式、适用性等方面非常感兴趣。

【应答问题这样想】

1. 观众质疑折扣力度怎么办？

观众关注折扣力度，可能有购买意愿，主播要详细介绍清楚打折活动规则和具体参与方式。

2. 观众询问款式是否新颖怎么办？

观众询问款式是否新颖，说明打折活动吸引了观众，但可能部分观众担心"便宜没好货"，主播要详细介绍设计理念和特色，把价格和品质紧密结合起来。

3. 观众好奇产品是否适合自己怎么办？

换季时节，直播间观众自然而然会关注短袖的适用性问题，主播要多列举一些适合不同体型和场合的穿搭例子给观众参考。

第 3 章　推介三谈：谈物美，谈价廉，谈品牌

💬【互动催单这样讲】

1. 观众质疑折扣力度怎么做？

弹幕1：打多少折？

主播：大家都知道咱品牌的品质非常高，大家平时都很喜欢。这次换季新品上市啊，我们特别为大家准备了一个惊喜，在直播间下单的用户，无论买多少件，都可以享受8.5折优惠！还有更多的福利等着你们！

弹幕2：8.5折，真的假的？

主播：当然是真的啦！咱们直播间有多种颜色和尺码的短袖可供选择，无论你是什么身材、什么风格，你都能找到适合你的那一件。而且面料都是高档棉质的，非常柔软亲肤，穿起来舒适。

弹幕3：有多便宜？

主播：换季开播第一天，活动只限今天，到底有多便宜大家可以点右下角链接挨个看，每件都明确标出了立减金额。而且今天除了有8.5折活动，咱们今天直播间点赞总数每突破五万个我们就会进行一轮抽奖，每轮抽三个打5折的名额！

2. 观众询问款式是否新颖怎么做？

弹幕：短袖有什么新款？跟别的品牌有什么区别？

主播：这款短袖是我们换季新品，它的设计理念是简约而不简单，它的特色是有一个小口袋在胸前，可以放一些小东西，非常实用又有趣。而且它的领口和袖口都有一个细致的白色边缘，增加了一些细节感和层次感。跟别的品牌的短袖相比，咱家短袖更注重品质和细节，不会让你失望的。

3. 观众好奇产品是否适合自己怎么做？

弹幕1：短袖适合什么体型的人穿？

主播：这款短袖适合任何体型的人穿，因为它的版型是宽松的，不会勒肉也不会显胖。无论你是苗条的还是丰满的，都能穿出自信和魅力。主播体重××公斤，身高××厘米，穿×码刚好，助播的体重××公斤，身高××厘米，穿×码也显得人很有精气神，大家可以参考哟！

弹幕2：适合在什么场合穿？

主播：这款短袖非常百搭，无论是上班、约会、旅行还是休闲都能穿。你可以搭配牛仔裤、半身裙、运动裤等，都能展现出不同的风格。

…………

⚠【关键过错不要犯】

1. 主播要事先告知直播间观众打折活动的一个明确的结束时间，不要让观众觉得随时都有优惠，要营造开播抢单紧迫感。

2. 主播要注意突出短袖的卖点和优势，不要只说价格不说品质，要让观众感受到短袖即使打折销售也有满满的价值感。

3. 主播开播人气不高时，不要一次性把所有打折活动说完，要留有余地，先说8.5折活动，再引出5折活动，一步一步地阶梯式吸引观众停留。

3.2.2　情景24：为什么降价促销

【痛点痒点这样抓】

1. 质疑降价的原因：为什么又降价了？是不是有什么问题？
2. 担心产品的质量下降：降价了会不会影响质量？是不是过季货？
3. 好奇产品是否合身：背心的尺码怎么选？有没有试穿效果？

某服装品牌直播间正在展示几款不同颜色和款式的背心。正值夏末秋初，主播小美开场就宣布了一个惊人的消息，所有的背心都打折，最低只要3.8折！想要买到性价比高的背心，就要趁现在下手！直播间的观众一边看直播一边积极互动，大部分观众都对背心的价格、质量、款式、搭配等内容非常感兴趣。

【应答问题这样想】

1. 观众质疑降价的原因怎么办？

观众关注降价的原因，可能有购买意愿，也可能有疑虑，主播要解释清楚降价的合理性和优势，消除观众的顾虑。

2．观众担心产品的质量下降怎么办？

观众担心产品的质量下降，说明观众对其价格和品质都有要求，主播要详细介绍背心的材料、工艺、细节等方面，证明降价不等于降质，而是物超所值。

3．观众好奇产品是否合身怎么办？

夏末秋初，直播间的观众自然而然会关注背心的穿着效果和舒适度，主播要多展示一些不同尺码和身材的模特的试穿效果，给观众提供参考。

【互动催单这样讲】

1．观众质疑降价的原因怎么做？

主播：直播间的家人们，大家好！欢迎来到直播间！夏末秋初，换新装，选××背心！

弹幕1：看看有什么好货！

主播：各位家人们想必都在寻找适合自己的背心吧，今天我给大家带来了一款超级好看且实用的背心，而且有超级低价的优惠活动哦！

弹幕2：为什么又降价了？

主播：大家都知道我家的产品品质非常好，大家平时都很喜欢，所以呢，这次为了感谢大家的支持和厚爱，我们特别为大家准备了一个惊喜，所有的背心都打折，最低只要3.8折！你没听错，就是3.8折！

弹幕3：为什么要打折？是不是有什么问题？

主播：当然没有啦！这些背心都是新品上市，绝对没有任何问题。打折的原因很简单，就是因为我家有自己的工厂和供应链，成本很低，所以我们可以给大家提供更优惠的价格。而且我们小美家的背心都是经过严格的质检和检验的，保证每件都是精品。

2．观众担心产品的质量下降怎么做？

弹幕：降价了会不会影响质量？是不是过季货？

主播：你们放心，我们的背心降价绝对不会影响质量，也不是过季货。降价不等于降质！我们的背心都采用优质的棉、莫代尔、氨纶等混纺面料，具有柔

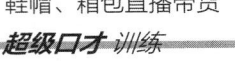

软、亲肤、透气、吸汗、抗菌等特点，非常适合在夏末秋初穿。背心在制作的过程中采用精湛的工艺和细节处理，无论是领口、袖口、下摆还是缝线都非常平整和牢固，不会出现褪色、起球、变形等问题。尺寸都是按照国际标准尺码制作的，无论你是S码还是XXL码，都能找到适合你的那一件。

3. 观众好奇产品是否合身怎么做？

弹幕1：背心的尺码怎么选？

主播：我们的背心尺码很简单，就按照你平时穿衣服的尺码来选就可以了。如果你不确定你的尺码，你可以参考我们详情页里的尺码表，里面有详细的胸围、衣长等数据，你可以根据自己的身材来对比选择。如果你还有疑问，你可以随时在公屏上或者私信里问我，我会及时为你解答。

弹幕2：有没有试穿效果？

主播：当然有啦！你们看我身上穿的就是我们家的背心，这款是白色的V领无袖设计，非常简约大方，我搭配了一条浅蓝色的牛仔裤，看上去清爽干净。这款背心我穿的是M码的，我身高165厘米，体重50公斤，胸围86厘米，这件衣长52厘米，大家可以参考一下。我现在给大家转个圈，让大家看看前后左右的效果。大家觉得怎么样？好看吗？喜欢吗？

…………

⚠【关键过错不要犯】

1. 主播要注意控制语速和语气，不要说得太快太急，要让观众有时间消化和反馈信息。

2. 主播要注意与观众互动，不要只顾着自己说话，要及时回应观众的问题和评论，增加观众的参与感和信任感。

3. 主播要注意引导观众下单和分享，不要只说优惠活动不说购买方式和渠道，要告诉观众如何在直播间下单购买，并且鼓励观众互动，增加直播间的人气和销量。

3.2.3 情景25：为什么你觉得贵

【痛点痒点这样抓】

1. 担心高跟鞋不值这个价：为什么会这么贵啊？有什么特别的地方吗？
2. 担心高跟鞋不舒适：高跟鞋会不会夹脚或者磨脚？穿着高跟鞋会不会累或者疼？高跟鞋的高度和款式适合我吗？
3. 担心高跟鞋不耐穿：高跟鞋的质量如何？会不会容易坏或者变形？

某品牌女鞋直播间正在展示一款红色细跟高跟鞋，它是某国际知名奢侈品牌的产品，产品的设计和工艺都十分精湛。直播间观众一边看直播一边积极发言，大部分观众都对高跟鞋的价格、舒适度、耐穿性等内容非常感兴趣。

【应答问题这样想】

1. 观众担心高跟鞋不值这个价怎么办？

观众关注高跟鞋的价格，可能是她们觉得这款高跟鞋太贵了，主播要详细介绍高跟鞋有什么特别的地方，让观众感受到高跟鞋的价值和品质。

2. 观众担心高跟鞋不舒适怎么办？

观众关注高跟鞋的舒适度，可能是她们担心穿着高跟鞋会影响她们的健康和美感。主播要详细介绍材质和设计是如何保证舒适、贴合、稳定等性能的。

3. 观众担心高跟鞋不耐穿怎么办？

对于关注高跟鞋的耐穿性的观众，主播要详细介绍高跟鞋的制作工艺和质检标准，以及它们是如何保证耐磨、防水、防变形等性能的。

【互动催单这样讲】

1. 观众担心高跟鞋不值这个价怎么做？

主播：美丽动人，气质非凡，选××品牌高跟鞋！各位家人们想必都在寻找一款既能展现女人味又能提升气场的高跟鞋吧，今天直播间给到大家新品惊喜！

弹幕1：这双高跟鞋多少钱啊？

主播：这双高跟鞋的价格是×××元，可能有些家人觉得有点贵，但是我要告诉大家，这双高跟鞋的价格是完全值得的！

弹幕2：为什么会这么贵啊？有什么特别的地方吗？

主播：因为它是国际知名奢侈品牌的产品，产品的设计和工艺都是十分精湛的。这双高跟鞋的每个细节都经过了精心的打磨和雕琢，每寸皮革都选用了上等的牛皮，每根线都用了特殊的缝纫技术，每个金属件都用了镀金或者镀银的处理，每双高跟鞋都经过了严格的质检和包装。所以你们看到的这双高跟鞋，就是一件艺术品，一件珍品，一件让你们无法抗拒的美物！

2. 观众担心高跟鞋不舒适怎么做？

弹幕1：高跟鞋会不会夹脚或者磨脚？

弹幕2：穿着高跟鞋会不会累或者疼？

主播：这双高跟鞋的跟虽然看起来很细很高，但是穿起来却非常舒适，不会让你们感到不适。这双高跟鞋的内里用了柔软的羊皮，可以贴合你们的脚型，防止夹脚或者磨脚。这双高跟鞋的垫底用了特殊的海绵材料，可以缓冲你们的脚步压力，减少脚部疲劳。这双高跟鞋的后跟用了坚固的钢筋支撑，可以保证你们的平衡和稳定，防止扭伤或者摔倒。

弹幕3：高跟鞋的高度和款式适合我吗？

主播：这双高跟鞋的高度是××厘米，既能拉长你们的腿部线条，又能保持你们的舒适感。款式也是经典的尖头细跟设计，无论你们是穿裙子还是裤子，都能搭配出不同的风格和气质。

3. 观众担心高跟鞋不耐穿怎么做？

弹幕1：高跟鞋的质量如何？

主播：这双高跟鞋的质量是毋庸置疑的，它采用了严苛的制作工艺和质检标准。皮革都经过了特殊的处理，可以防止水渍、污渍、划痕等，而且底部都经过了防滑、耐磨等处理，可以保证你们安全行走。

弹幕2：会不会容易坏或者变形？

主播：这双高跟鞋的形状经过了精确的测量和调整，可以保证你们的脚型和

第 3 章 ▶ 推介三谈：谈物美，谈价廉，谈品牌

高跟鞋完美契合。虽然是一件奢侈品，但是并不需要你们花费太多的时间和精力去保养和清洁，只需要用柔软的布料轻轻擦拭即可。

…………

⚠️ 【关键过错不要犯】

1. 价格解释要有理有据，要结合产品的品牌、历史、设计和工艺，不要只是简单重复价格本身的数字，要让观众感受到高跟鞋的性价比和优越性。

2. 主播不要只说产品的特点和优势，对舒适度的介绍要有实际效果，要让观众看到高跟鞋的实际穿着感受和反馈。

3. 价格只是数字，让观众觉得物有所值才是最重要的。主播不能一味强调品牌调性，要让观众感受到产品的独特性和稀缺性。

▶▶ 3.3 谈品牌：品牌宣讲的3个强调

3.3.1 情景26：强调时间和历史

▶【痛点痒点这样抓】

1. 担心牛皮箱不耐用：牛皮箱会不会容易破损？有没有保修服务？
2. 好奇牛皮箱的制作工艺：牛皮箱是怎么做的？有什么特别技艺吗？
3. 想了解牛皮箱的文化内涵：牛皮箱有什么历史故事？有什么象征意义吗？

某牛皮箱直播间正在展示一些精美的髹漆全牛皮箱，这是一种传统的×地手工艺品，有着悠久的历史和文化底蕴。主播小蜜开场就向观众介绍了牛皮箱的由来和特点，想通过牛皮箱悠久的历史来吸引大家的兴趣和情感。直播间观众一边

79

看直播一边积极互动，大部分观众都对牛皮箱的质量、工艺、文化内涵等内容非常感兴趣。

【应答问题这样想】

1. 观众担心牛皮箱不耐用怎么办？

观众关注牛皮箱的耐用性，可能有购买意愿，主播要详细介绍牛皮箱的材料和制作过程，说明牛皮箱的优点和保养方法。

2. 观众好奇牛皮箱的制作工艺怎么办？

观众对牛皮箱的制作工艺感兴趣，说明观众对产品有认同感和欣赏力，主播要详细介绍牛皮箱的制作步骤和技巧，展示牛皮箱的美感和价值。

3. 观众想了解牛皮箱的文化内涵怎么办？

观众对牛皮箱的文化内涵好奇，说明观众对产品有情感和敬意，主播要详细介绍牛皮箱的历史故事和象征意义，展示牛皮箱的文化魅力和品位。

【互动催单这样讲】

1. 观众担心牛皮箱不耐用怎么做？

主播：直播间的家人们，大家好！欢迎来到××髹漆全牛皮箱官方直播间！送礼自用两相宜，选××牛皮箱！今天我给大家带来了一种传统手工艺品——髹漆全牛皮箱。它不仅外形美观，质量优良，而且有悠久的历史和文化底蕴哦！

弹幕1：听起来不错！

主播：大家都知道我家的牛皮箱是用上等的杉木板和头层牛皮制作而成的，经过了多道工序精心加工，每个细节都体现了匠人们的心血和智慧。

弹幕2：牛皮箱会不会容易破损？有没有保修服务？

主播：我们的牛皮箱经过特殊的鞣制和涂漆，使得牛皮和木板完美融合，不仅防水、防虫，而且能抵抗撞击和划痕。我们的牛皮箱是可以传承几代人的，只要适当保养，就能长久使用。而且我们还提供一年的免费保修服务，如果有任何质量问题，我们都会及时解决。

2. 观众好奇牛皮箱的制作工艺怎么做？

弹幕：牛皮箱是怎么做的？有什么特别技艺吗？

主播：我们的牛皮箱是经过十几道工序才能完成的，每道工序都需要匠人们的精湛技艺和耐心细致。

主播：首先要选用上等的杉木板和头层牛皮，然后要把牛皮剪裁成合适的大小和形状，再用钉子和胶水把牛皮固定在木板上，形成箱体。接着要用特制的髹漆涂在牛皮上，形成光滑的表面。髹漆是一种天然的树脂，它不仅能增加牛皮箱的美观度，而且能增强牛皮箱的防水性和耐磨性。髹漆涂完后，还要阴干，让髹漆更加坚固。

主播：最后要在牛皮箱上装上金属配件，如锁扣、铰链、把手等，增加牛皮箱的功能性和安全性。这样一款精美的髹漆全牛皮箱就制作完成了！

3. 观众想了解牛皮箱的文化内涵怎么做？

弹幕：牛皮箱有什么历史故事？有什么象征意义吗？

主播：我们的牛皮箱是×地的一种传统手工艺品，它有着悠久的历史和文化底蕴。据说最早的牛皮箱是由××时期×××发明的。他是一位海外华侨，他发现当时海外华人常用的竹编或布包行李箱容易受潮或损坏，于是他就想到了用木板和牛皮制作坚固耐用的行李箱。他把这种行李箱带回，很快就受到了当地人的欢迎和推崇。后来，这种行李箱就成为大家出门旅行或赴海外定居时必备的物品，也成为国人对家乡和亲人的一种情感寄托。牛皮箱不仅是一种实用品，也是一种文化符号，它象征着国人的勤劳、智慧、创新和开放。

…………

【关键过错不要犯】

1. 主播要注意突出介绍牛皮箱的历史和特点，不要只说卖点、活动、福利等商业信息，要让观众感受到牛皮箱的历史价值和文化魅力。

2. 主播要注意控制直播节奏，不要一次性把所有的故事和工艺都说完，要留有余地，一步一步地吸引观众的兴趣和情感。

3. 主播要注意与观众互动，不要只是单方面地介绍牛皮箱，要及时回答观众的问题和疑惑，要鼓励观众参与互动。

3.3.2　情景27：强调广告和代言

【痛点痒点这样抓】

1. 质疑联名款钱包的真假：这个钱包真的是和明星联名的吗？有没有明星的签名或照片？

2. 询问联名款钱包的特色：这个钱包跟普通的钱包有什么不同？

3. 好奇联名款钱包的搭配：这个钱包适合什么样的服饰风格？怎么才能展现出像明星那样的气质和品位？

某时尚钱包是由某知名品牌和某当红明星共同打造的，结合了明星的个人风格和品牌的高端工艺，是一款限量发售的珍藏版。主播小琳在直播间为大家详细介绍了这款钱包的设计理念、制作过程、使用体验等，同时还播放了明星代言的广告视频，让观众感受到了明星和品牌的强强联合。直播间观众对这款钱包非常感兴趣，纷纷留言提问。

【应答问题这样想】

1. 观众质疑联名款钱包的真假怎么办？

观众对联名款钱包的真假可能有两方面的担心：一是怀疑这个钱包是否真的是和明星合作的，二是怀疑这个钱包是否是正品。主播要用事实和证据来消除观众的疑虑，比如展示明星和品牌方签订的合作协议、明星亲自参与设计和试用的视频、品牌方提供的正品保证书等。

2. 观众询问联名款钱包的特色怎么办？

主播要用细节和案例来突出这个钱包的特色，比如介绍它采用了什么样的材质、工艺、颜色、图案、功能等，以及它是如何体现出明星的性格、爱好、理念的等。

3. 观众好奇联名款钱包的搭配怎么办？

主播要用示范和建议来指导观众如何搭配这个钱包，比如展示不同场合、季节、氛围下的搭配方案，以及给出一些搭配小技巧和注意事项。

【互动催单这样讲】

1. 观众质疑联名款钱包的真假怎么做？

弹幕1：这个钱包真的是和明星联名的吗？

主播：当然是真的啦！这个钱包是由我们品牌和国内很火的明星××共同打造的，是一款非常有特色的限量版钱包。你们看，这是我们和明星签订的合作协议，上面有明星的亲笔签名，还有我们品牌的官方印章，这可是真实的证明哦！

弹幕2：有没有明星的签名或者照片？

主播：当然有啦！你们看，这个钱包上面就有明星的专属logo，这是明星亲自设计的，寓意着他的理念和风格。每个钱包都有一个编号，证明它是独一无二的。而且，我们还为大家准备了一份惊喜，每个钱包里面都有一张明星的照片，还有他的亲笔留言，这可是非常珍贵的收藏品哦！

2. 观众询问联名款钱包的特色怎么做？

弹幕：这个钱包跟普通的钱包有什么不同？

主播：简单来说，这款钱包不仅外观时尚大气，而且品质也非常优秀。它采用了高档的牛皮制作，手感柔软光滑，而且经过了特殊的处理，防水、防污、防刮。它的颜色也是经过了精心挑选的，跟明星喜欢的颜色一致，既低调又高级，上边的图案也是非常有意义的，是明星和我们品牌方共同设计的，寄托了我们对粉丝的祝福和感谢。它的功能也很齐全，可以放下各种卡片、现金等，而且有一个隐形拉链口袋，可以放一些私密或者重要的东西。

3. 观众好奇联名款钱包的搭配怎么做？

弹幕1：这个钱包适合什么样的服饰风格？

主播：这个钱包适合任何服饰风格哦！无论你穿的是休闲、商务、运动、复古还是潮流风格，都可以搭配这个钱包。因为它的颜色和图案都很百搭，可以跟任何颜色和图案搭配。而且它的大小和形状也很合适，可以拿在手里、放到口袋里、挂在腰间等。你们看，我现在就穿了一件简单的白色T恤和牛仔裤，但只要拿上这个钱包，就立刻提升了我的整体气质和品位。

弹幕2：怎么才能展现出像明星那样的气质和品位？

主播：其实展现出像明星那样的气质和品位并不难哦。要自信！无论你穿什么搭什么，都要自信！

…………

【关键过错不要犯】

1. 主播要注意保持与明星和品牌的一致性，不要说出与明星或品牌不符的话，比如说这个钱包跟其他品牌的钱包没有区别等。

2. 主播要注意控制好直播间的节奏和氛围，避免只是口头讲解，让观众觉得无趣、无聊，要适时地播放明星广告视频、展示搭配方案、进行互动游戏，让观众感受到乐趣和参与感。

3. 主播要注意把握好直播间的销售机会，不要错过让观众购买的最佳时机，要多结合明星、广告和粉丝的共鸣特点，适当给出一些购买的理由和动机。

3.3.3 情景28：强调同款和正品的区别

【痛点痒点这样抓】

1. 质疑产品真假：这是不是网红穿的那款？跟图片上的一样吗？跟其他牌子的有什么区别？

2. 询问产品的面料、材质：这种牛仔布是什么成分？有没有弹力？会不会掉色？

3. 好奇版型效果：这种短裙适合什么身材？会不会显胖？有没有显瘦的技巧？

某潮流女装直播间正在展示一款网红爆款的牛仔短裙，它的特点是高腰设计，不规则裁剪，拼接细致，复古风格。主播小雯想通过强调同款和正品的区别，让观众感受到正品牛仔短裙的独特魅力，提高观众的购买欲。直播间观众一边看直播一边积极互动，大部分观众都对牛仔短裙的款式、面料、版型、价格等内容非常感兴趣。

【应答问题这样想】

1. 观众质疑产品真假怎么办？

观众关注产品真假，可能有追星或者跟风的心理，主播要拿出实物和图片进行对比，证明自家的产品是正品，并且跟其他牌子的同款进行差异化分析，突出自家的产品优势。

2. 观众询问产品的面料、材质怎么办？

观众询问面料材质，说明他们关心产品的品质和舒适度，主播要详细介绍牛仔布的成分、工艺、特性等，展示产品有弹力、耐磨、不易掉色等优点。

3. 观众好奇版型效果怎么办？

观众对版型效果好奇，说明他们想知道产品是否适合自己的身材和风格，主播要给出一些显瘦或者搭配的小技巧。

【互动催单这样讲】

1. 观众质疑产品真假怎么做？

主播：各位家人们想必都在关注最近很火的网红同款牛仔短裙吧，今天我给大家带来了一款超级火爆的牛仔短裙。它采用高品质的牛仔布制作，款式时尚复古，细节精致，有个性，无论你是走街头风还是文艺风都能轻松驾驭！

弹幕1：这是不是网红穿的那款？

主播：当然是啦！咱们直播间的这款牛仔短裙，就是你们在社交媒体上看到的那一款，无论是颜色、剪裁、拼接还是细节，都跟图片上的一模一样，绝对是正品！你们看，我现在就拿出实物和图片进行对比，大家可以仔细看看，有没有任何差别？

弹幕2：跟图片上的一样吗？

主播：完全一样！你们看，这款牛仔短裙的特点就是高腰设计，可以拉长腿部线条，显得身材比例更加均衡；而且它的裁剪是不规则的，有些地方是故意做旧的，有些地方拼接不同颜色的牛仔布，这样可以增加层次感和时尚感；还有它的细节也很有特色，比如这里的金属扣子、这里的刺绣标签、这里的毛边处理，都是网红同款的标志性元素。

弹幕3：跟其他牌子的有什么区别？

主播：我这里还准备了几件其他牌子的同款牛仔短裙，我们来进行一下对比。你们看，这个牌子的颜色就没有我们的饱和度高，看起来很暗淡；这个牌子的剪裁就没有我们的合身，看起来很松垮；这个牌子的拼接就没有我们的精致，看起来很粗糙；这个牌子的细节就没有我们的有个性，看起来很普通。咱家货好不怕对比！

2. 观众询问产品的面料、材质怎么做？

弹幕1：这种牛仔布是什么成分？有没有弹力？

主播：这种牛仔布是由95%的棉和5%的氨纶组成的，具有很好的弹力和柔软度，穿起来非常舒适贴合。而且它经过了特殊的水洗工艺，不会轻易掉色或者缩水。

弹幕2：真的不会掉色？

主播：我现在就给大家做一个实验，我把这件牛仔短裙放进水里浸泡一下，然后拿出来挤一挤，你们看水里有没有任何颜色？没有吧！说明它不会掉色。我现在随便拉一拉、扯一扯，它没有任何变形，也不会缩水。

3. 观众好奇版型效果怎么做？

弹幕1：这种短裙适合什么身材？

主播：这种短裙适合各种身材！无论你是高个子还是矮个子，无论你是苗条的还是丰满的，你都能穿出自己的风格和气质。

弹幕2：会不会显胖？

主播：不会显胖！你们看，这款牛仔短裙的高腰设计，可以有效收紧腰部，塑造出曲线美；而且它的不规则裁剪，可以打破单调的直线感，增加视觉动感，让腿部看起来更加修长；还有它的拼接细节，可以在视觉上分割身材比例，让上下身更加协调。所以说，咱们直播间的这款牛仔短裙，不仅是网红同款，而且是显瘦款！

弹幕3：有没有显瘦的技巧？

主播：有的！我给大家分享一些显瘦的小技巧吧！首先，你们可以选择合适的颜色，比如深色系的牛仔短裙，可以在视觉上收缩身材，让你看起来更加苗条；其次，你们可以选择合适的搭配，比如搭配一件简单的白色T恤或者衬衫，既可以突出牛仔短裙的复古风格，也可以平衡牛仔短裙的个性感；最后，你们可以选择合适的鞋子，比如搭配一双白色运动鞋或者帆布鞋，既可以增加活力和休闲感，也可以延长腿部线条，让你看起来更加高挑。

…………

⚠【关键过错不要犯】

1. 主播强调正品和同款对比时要注意使用事实和数据作为支持，不要随意夸大产品的特点和优势，要让观众感受到真实和可信。

2. 主播不要对比不相关或不公平的产品，要选择同类或者同价位的产品进行对比，突出牛仔短裙的优势和特点。

3. 主播要尊重其他品牌和产品的价值和选择，用客观和中立的语气进行对比，不要使用贬低或者攻击性的语言，避免引起观众的反感和抵触。

3.4 语句示范：直播间产品介绍经典语句

3.4.1 服装、鞋帽、箱包现场演示类经典语句

【经典语句1】

咱家这款宝贝厉害了，显瘦又显白，透气效果好，真的是谁穿谁知道，手洗还不费力，面料非常薄，但是薄而不透（做实验演示佐证）！

【经典语句2】

咱们这款衣服采用的是一种高支、高密、高弹力的面料，无论你买回家怎样揉它怎样搓它，或者直接扔洗衣机里去洗它都没关系。我们这个是一秒回弹的，挂在衣柜里三五个月都不会有一丝丝的变形！像主播这么暴力撕扯，它依旧弹力十足不变形！（撕扯演示）

【经典语句3】

（试穿演示）喜欢简洁利落的姐姐，可以搭配一条牛仔裤，像主播这样，衣服下摆可以随意塞进裤子里，个性十足；比较怕热的姐姐可以换成热裤、短裙，不但性感、有个性，而且多了份青春活力。咱们这款衣服同样适合日常通勤办公，搭配一条西裤或者搭配一条阔腿裤都是非常耐看的。这件衣服随你怎么搭配都好看，不是主播我吹，真的是谁穿谁气派！谁穿谁好看！

3.4.2 服装、鞋帽、箱包材质介绍类经典语句

📖【经典语句1】

首先，这件衣服的颜值非常高，两层包边，前面是一个很有设计感的走线设计，很大牌！其次，它的质感非常棒，穿起来非常舒服。你们如果买了其他的衣服穿起来总是感觉扎人（点名痛点），你们来我这里试试，我本人也是非常在意舒适感的（讲述个人试穿感受），我只选择自己穿着舒服的、喜欢的衣服，所以我才敢大言不惭，给大家推荐！

📖【经典语句2】

我现在给大家展示的这一件就是咱们家的一个线下王炸款。我们给线下批发档口都已经供了××万件了，就是我手里这款××面料的，可以从××公斤穿到××公斤，涵盖了各种身材。所有爱美、爱穿搭、爱自己的女孩子真的要选这款！

📖【经典语句3】

家人们不用担心我家的质量和做工，我们是做了××年的源头厂家，之前都一直给××品牌线上线下供货的，具体的细节可以给大家来近距离展示的。我相信经常逛线下商场的家人们应该一眼就能看出来咱们家的是高货；收到货之后你要是觉得好，后期再来主播直播间多买几件，咱们做的全是回头客！你收到货后放心大胆地和××多元、××多元的去比，我家的货一定不会让你失望，主播就是这么有自信。我们直播间没有开滤镜美颜，你看到什么样，收到的货就是什么样的，所见即所得！

3.4.3 服装、鞋帽、箱包品牌故事类经典语句

【经典语句1】

秋风渐起，不妨尝试这款格外亮眼而且非常显气质的焦糖色外套。焦糖色是一个有味道、有温度的颜色。这款外套给人甜蜜温润的感觉，在降温的冬天里显得尤其暖心！

【经典语句2】

每顶帽子的诞生，都是一个温暖的承诺！

【经典语句3】

我们的箱包，承载着梦想与希望，经历风雨，陪你走过人生的每个重要时刻！

3.5 句式总结：产品介绍句式模板

3.5.1 FABE句式

1. 这款_____（服装产品）采用了独特的剪裁技术（特点），能够完美地修饰身形（优势），展现出您的曼妙身材（好处），同时也能增加时尚感（好处）。不信您看这款服装在模特身上的展示（证据），这是我为您准备的多个款式和尺码，总有一款适合您的需求（证据）。

2. 我们的_____（帽子产品）采用了_____（材质特点）高质量的材料，具备出色的透气性和舒适性（优势），能有效阻挡外界的雨水或者阳光（好处），保护您的头部免受风吹日晒，同时也能增加时尚感（好处）。评论区有客户的使用体验和反馈的照片和视频（证据），您可以参考一下。

3. 这款_____（箱包产品）在设计上独具匠心，创造性地采用了高质感（特点）的皮革材料，使得箱包更加时尚耐用（优势）。另外，得益于工艺上的升级，我们的箱包在细节处理上更加精致，能够更好地保护您的物品（优势）。长期使用，不仅能提升您的品位，还能让您的出行更加便捷和舒适。您看这款箱包的细节（证据），外观时尚大方，内部空间合理，非常适合现代都市人使用。

3.5.2　AIDA句式

1. 大家看看我左手边这款_____（吸引注意）的_____（服装产品名）。相信大家都有过类似的体验，衣服_____或者_____（列举常见问题）。但是，今天_____（主播昵称）可以为大家解决这些烦恼（激发欲望）。看看我右手边，这款服装针对_____（常见问题）经过了特别的优化处理，在面料上进行了升级，这样，大家在穿着这款服装时，就不会再遇到那些烦恼了。这是我们直播间推出的新品，特别推出限时优惠活动，限时_____（时间）分钟可以享受到_____（折扣力度）折的优惠力度。机不可失，时不再来（促进行动），大家可千万别错过了这个好机会哦！

2. 亲爱的家人们，想象一下，您下班后，脱下令人疲惫的鞋子（引起兴趣），换上了一双舒适又时尚的_____（鞋子产品名）。这时，您的脚部会感受到一种从未有过的舒适和放松，您的心情也变得愉悦起来（引起兴趣）。今天，我为大家带来了这样一双鞋子。这双鞋子不仅舒适度高，而且时尚百搭，无论您是休闲还是运动，它都能满足您的需求（激发欲望），您再也不用担心鞋子磨脚或是不合脚了。这双鞋子现在正在进行限时促销活动，您只需要花费_____元（产品价格）就可以拥有它。这个价格真的是非常优惠，您还在等什么呢？赶快行动吧（促进行动）！让您的双脚享受从未有过的舒适和放松！

3. 直播间的宝宝们，我今天给大家带来的是一款特别炫酷的_____（帽子产品名），对没错，就是现在网上非常火的（吸引注意）一款帽子。我现在就给大家展示一下，看看它的独特之处（引起兴趣）。大家看，这款帽子的外包装非常精致，一看就知道是高品质的产品。帽子的设计非常时尚，无论是搭配休闲装还是正装都非常合适（激发欲望）。而且，这款帽子的价格也非常实惠，性价比非常高。如果你对这款帽子感兴趣，那么今天在直播间购买的话，可以享受到特别优惠的价格。只需要_____元（产品价格），你就可以拥有这款时尚又实用的帽子。机会难得，赶快行动起来吧（促进行动）！

3.5.3 NFABI句式

1. 我相信每个人都想拥有一身时尚又得体的服装（需求），所以啊，_____（主播昵称）今天给大家推荐一款超级实用的_____（服装产品）。大家可能不知道，这款_____（服装产品）来自_____（服装品牌名）家，它独家的_____技术（特点）使得这款衣服的面料柔软舒适，穿着更加贴身（优势）。它不仅能够展现您的身形（优势），更能为您增添一份时尚气质（利益）。这款_____（服装产品）真的太棒了！穿上它，您就是最时尚的代表（冲击）！

2. 你是否因为长时间的步行或站立而感到脚部疲劳和不适（需求）？你是否想要拥有一双舒适又时尚的鞋子（需求）？那么，你一定需要我们的_____（鞋子产品），它采用了_____技术（特点），可以提供更好的缓冲和支撑（优势）。我们的鞋子设计时尚，可以搭配各种服饰（优势）。穿上我们的鞋子，你可以感到脚部的舒适和放松（利益）。现在就访问我们的网站或社交媒体平台，获取更多的产品信息和优惠券（冲击）。让我们的_____（鞋子产品），为你的脚步带来轻松和自信（冲击）！

3. 你是否想要一顶既能遮阳又能保暖的帽子（需求）？你是否想要在街头成为焦点（需求）？那么，你一定不能错过我们的_____（帽子产品），它采用

第 3 章　　推介三谈：谈物美，谈价廉，谈品牌

了特殊的_____材质（特点），可以阻挡紫外线和冷风（优势）。我们的帽子设计独特，可以搭配各种服饰（优势）。戴上我们的帽子，你可以感受到温暖和舒适（利益）。无论是在户外还是在室内，你都可以轻松搭配任何服装和妆容，展现你的时尚品位（利益）。现在购买我们的_____（帽子产品），还可以获得免费的时尚配饰赠品（冲击）！

第 4 章

互动三抓：
抓话题，抓问题，抓心理

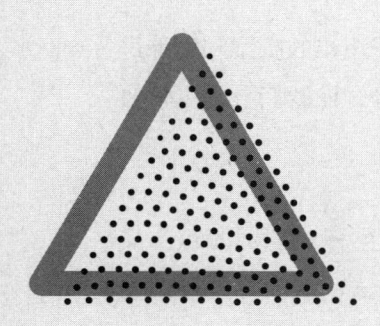

4.1 抓话题：拉近距离

4.1.1 情景29：美丽话题

【痛点痒点这样抓】

1. 担心牛仔短裙不显身材：牛仔短裙会不会显得臀部很扁、很平？会不会显得腿粗、腰粗？

2. 担心牛仔短裙不好搭衣服：牛仔短裙要怎么搭配才好看啊？想做辣妹！

3. 担心牛仔短裙不舒适：牛仔短裙的面料是什么？会不会太硬、太厚？会不会穿起来勒肚子啊？

某服装品牌直播间正在销售夏季新品，主播小芸正在向直播间的观众介绍一款牛仔短裙。为了更好地与观众互动，主播一边销售牛仔短裙一边跟大家聊怎么变美。这个话题显然让女孩子们很感兴趣。

【应答问题这样想】

1. 观众担心牛仔短裙不显身材怎么办？

对于担心牛仔短裙不显身材的观众，主播可以围绕牛仔短裙的版型和设计进行介绍，展示如何通过牛仔短裙来突出自己的曲线美和优势，让她们看到牛仔短裙的优势。

2. 观众担心牛仔短裙不好搭衣服怎么办？

对于担心牛仔短裙不好搭衣服的观众，主播可以围绕牛仔短裙的颜色和风格进行介绍，给出一些合适的搭配建议，帮助她们打开想法，从而打消她们的顾虑。

3. 观众担心牛仔短裙不舒适怎么办？

对于担心牛仔短裙不舒适的观众，主播可以围绕牛仔短裙的材质和工艺进行介绍，通过近距离的实物拍摄来展示牛仔短裙的柔软和质感，以此来尝试说服她们。

【互动催单这样讲】

1. 观众担心牛仔短裙不显身材怎么做？

弹幕：牛仔短裙会不会显得臀部很扁、很平？会不会显得腿粗、腰粗？

主播：亲爱的，你说的这种情况完全不存在啊！咱家这款牛仔短裙非常显身材！它的版型是高腰的，可以很好地提升你的腰线，让你看起来更高、更瘦！

主播：它的裙摆是微A字形的，可以很好地包裹你的臀部，让你的曲线看起来更加优美！它的裙边是毛边的，可以增加一些时尚感，也可以修饰你的腿形，让你的腿看起来更细、更长！

主播：你们看我今天穿的就是这款牛仔短裙，它的颜色是浅蓝色的，非常清爽，不挑肤色！它的长度刚好到大腿中部，既不会太长也不会太短，非常适合夏天穿着！

2. 观众担心牛仔短裙不好搭衣服怎么做？

弹幕：牛仔短裙要怎么搭配才好看啊？想做辣妹！

主播：亲爱的，咱家这款牛仔短裙非常好搭配，配白T、粉T、黑T都可以，是百搭款！

主播：想要辣妹风的宝宝，可以选择一些紧身露脐的上衣，比如方领短上衣、美式复古圆领短T恤、挂脖背心等，这些上衣可以展现出你的腰线和曲线感，让你看起来更有活力！

主播：这款牛仔短裙可以拉长你的比例，让你看起来更高、更瘦，这样的辣妹谁不爱呢！

3. 观众担心牛仔短裙不舒适怎么做？

弹幕1：牛仔短裙的面料是什么？

主播：亲爱的，咱家这款牛仔短裙用的是高品质的棉质牛仔布，我把镜头拉近给大家看看。它的面料非常柔软舒适，摸起来没有任何刺激感！

弹幕2：会不会太硬、太厚？会不会穿起来勒肚子啊？

主播：这种面料具有很好的弹力和透气性，不会太硬、太厚，更不会勒肚子！它可以很好地贴合你的身体曲线，让你穿着感觉轻松自在。而且这款牛仔短裙的颜色是经过特殊的水洗工艺处理的，穿起来更柔软更舒服，不褪色不变形！

…………

⚠【关键过错不要犯】

1. 主播在介绍牛仔短裙时，不要使用一些夸张或者虚假的词语，比如说"最好""最美""最舒服""最耐穿"，等等。

2. 主播在与观众讨论牛仔短裙的穿搭时，不要否定别人的观点，要多赞美观众，在理解观众的同时促成销售。

3. 主播要掌握服装、穿搭、时尚等相关的知识，不能出现一问三不知、逃避问题的情况。

4.1.2　情景30：场合话题

【痛点痒点这样抓】

1. 询问职业装的适穿场合：正式面试穿这个没问题吧？公司的年会穿这个会不会显得太沉闷、太无趣了？

2. 担心职业装太死板、太严肃：职业装是不是都是西服套装的样式？会不会显得太死板、太老气？

3. 担心职业装太贵、不划算：职业装是不是随随便便都是大牌的价格啊？买了就穿几次不划算啊！

某服装品牌专卖店正在直播，主播小芸正在向直播间的观众介绍一款职业套装。正值大学生毕业季，很多大学生都有选购职业装的需求，主播在回答观众的问题时特别讲解了一些关于穿着与场合方面的内容，一方面可以推销职业装，另一方面可以提高观众对直播间专业度的信任。

【应答问题这样想】

1. 观众询问职业装的适穿场合怎么办？

询问职业装适穿场合的观众，一般是没有丰富的社会经验的学生或者初入职场的新人，主播可以讲解一些他们感兴趣的、缺乏的社会经验，侧面来推动销售。

2. 观众担心职业装太死板、太严肃怎么办？

对于担心职业装太死板、太严肃的观众，主播可以围绕职业装的款式和设计进行介绍，展示不同形式、不同细节、不同亮点的穿搭示范，打破观众对职业装的刻板印象和有限认知，让他们看到职业装的多样性。

3. 观众担心职业装太贵、不划算怎么办？

对于担心职业装太贵、不划算的观众，主播可以围绕职业装的性价比和优惠活动进行介绍，展示直播间的实力和信誉，以及折扣价格和赠品，消除观众对职业装的高消费误解，让他们看到职业装价格的实惠。

【互动催单这样讲】

1. 观众询问职业装的适穿场合怎么做？

弹幕1：正式面试穿这个没问题吧？

主播：当然没问题啦！我们家这个职业套装就是专门为了面试设计的，可以穿着于各种正式场合、严肃场合。

主播：不管是世界500强面试，还是政府部门面试，穿上我们这套职业装，我祝愿家人们面试都能成功！

弹幕2：公司的年会穿这个会不会显得太沉闷、太无趣了？

主播：沉闷和无趣是肯定不会的，但是如果你想要出彩，吸引别人的目光的话，这套职业装就不太合适了。

主播：因为它本身的设计是一个常规款，风格就突出一个"稳"字。你可以

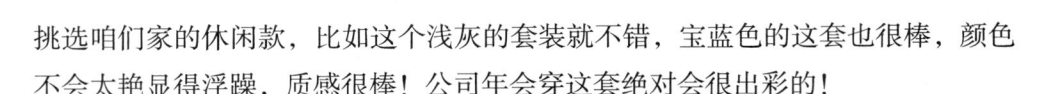

挑选咱们家的休闲款，比如这个浅灰的套装就不错，宝蓝色的这套也很棒，颜色不会太艳显得浮躁，质感很棒！公司年会穿这套绝对会很出彩的！

2. 观众担心职业装太死板、太严肃怎么做？

弹幕：职业装是不是都是西服套装的样式？会不会显得太死板、太老气？

主播：亲爱的，你说的这种情况完全不存在啊！你说的那种都是老干部的风格，咱家这个职业装它是有款式、有设计的！它让你既可以穿出上班族的正式感，也可以穿出魅力女性的优雅感！

主播：你们看我现在身上这套，我搭配了一条丝巾，没发现吧，就是这款职业装！它是西装外套+连衣裙的组合，非常有层次感！设计上是双排扣+荷叶边的细节，非常有质感和亮点！

主播：它的款式和设计都是品牌的独家创意。你们看这里有一篇设计师的专访。咱们这款职业装是他为现代女性量身定制的作品，设计的灵感源头就是都市独立女性！

3. 观众担心职业装太贵、不划算怎么做？

弹幕1：职业装是不是随随便便都是大牌的价格啊？

主播：×××宝宝，你可能不了解，职业装根本就不像电视剧里演的那样，随随便便都大几千几万一套，那些完全是误导！

主播：我家这款职业装就非常有性价比，价格优惠！不需要几千，更不需要几万，我们希望所有刚踏入社会的年轻人都能体面地参加工作，都能有所成就！

主播：今天这套职业装，在直播间的价格是×××元，这是一个非常实惠的价格，比同类的品牌要便宜很多！需要的家人们不要犹豫了，犹豫就可能错过！

弹幕2：买了就穿几次不划算啊！

主播：很多人说，我买一套职业装就面试的时候穿几次，就搁置不穿了，太浪费了。我个人觉得这个说法不对，并不是因为我是卖家我才这么说。

主播：假如你参加面试，穿一套不合身、不舒服的衣服，你怎么能有好的发挥？你浑身不舒服，你坐立不安，你怎么能通过面试？因为一套衣服的钱而损失大好前程，这笔账你们自己算一下，划不划算？

主播：再者说了，买它是为了有备无患，如果哪天你突然需要穿职业装却怎么都找不到合适的，就会感到很恼火。

…………

⚠ 【关键过错不要犯】

1. 主播在介绍职业装时，要注意适当地展示商品的特点和优势，不要过分夸大或者虚假宣传，比如"这款职业装可以让你一秒变成总裁""这款职业装是全球限量发售的"等，这样会影响观众的信任和购买意愿。

2. 主播在介绍职业装时，要注意尊重观众的喜好和选择，不要强行推销或者嘲讽观众，比如"你不买这款职业装就是没品位""你穿这款职业装就能吸引所有人的目光"等，这样会影响观众的情绪和与观众的关系。

3. 主播在介绍职业装时，要注意保持专业和礼貌的语言和态度，不要使用一些粗俗或者敏感的词语，比如"这款职业装可以让你身材更惹眼""这款职业装可以让你在职场更轻松"等，这样会影响观众对品牌的印象和品牌的声誉。

4.1.3　情景31：时尚话题

【痛点痒点这样抓】

1. 担心胸包不够时尚：胸包是不是已经过时了？会不会显得太土、太老套？

2. 担心胸包不够实用：胸包是不是只能放一些零碎的东西？背起来方便吗？会不会勒得慌，活动不开啊？

3. 担心胸包不够安全：胸包会不会容易被人偷窃或者扯掉？

某运动服装品牌专卖店正在直播，主播小萱正在给观众们介绍一款夏季新款胸包。时下在年轻人中间讨论最多的热门单品就是潮流品牌的胸包。很多人都很喜欢佩戴胸包出街，这已经成了一种风潮。小萱为了快速拉近与观众之间的距离，带动直播间的气氛，热情地与观众讨论起了有关时尚的话题，并且不断向大家介绍新款胸包。

【应答问题这样想】

1. 观众担心胸包不够时尚怎么办？

对于担心胸包不够时尚的观众，主播可以围绕胸包的流行趋势和搭配技巧进行介绍，展示明星、网红、时尚博主等的穿搭示范，打破观众对胸包的刻板印象，让他们看到胸包的潮和有范。

2. 观众担心胸包不够实用怎么办？

对于担心胸包不够实用的观众，主播可以围绕胸包的功能性和便捷性进行介绍，展示胸包的内部结构和外部设计，通过实物展示来改变观众对胸包的看法，让他们对胸包有新的认识。

3. 观众担心胸包不够安全怎么办？

对于担心胸包不够安全的观众，主播可以围绕胸包的防盗性和防水性进行介绍，通过一些实验和演示，打破观众对胸包的担忧和疑虑，让他们看到胸包的安全性和可靠性。

【互动催单这样讲】

1. 观众担心胸包不够时尚怎么做？

弹幕：胸包是不是已经过时了？会不会显得太土、太老套？

主播：×××宝宝，你这个问题，直播间里的潮男潮女都可以回答你。时尚是一个圈，现在它刚好又转到了胸包这里！你看看知名的说唱明星，像×××、×××和网红×××，他们都很喜欢佩戴胸包，一些时尚博主佩戴胸包拍的出街照片，风格酷极了！

主播：咱们家这款胸包不仅在外形设计上非常符合当下的流行趋势，更有自己独特的风格！它的颜色是银色的，赛博朋克的银色，外形上看是一个三角形，背带是用反光材料制作的，非常醒目，整体非常有辨识度！

主播：戴着它出街，既可以穿出复古风格，也可以穿出未来感！

主播：可以说这款胸包是当下非常热门的单品，在各大社交平台上都能看到

第 4 章 ▶ 互动三抓：抓话题，抓问题，抓心理

很多明星、网红、时尚博主等潮流人士穿着这款胸包出镜！

2. 观众担心胸包不够实用怎么做？

弹幕1：胸包是不是只能放一些零碎的东西？

主播：亲爱的，胸包本来就是以装饰属性为主的，主要装的都是一些贵重物品，像手机、钱包等。

主播：咱们平时出门逛街，需要的东西主要就是手机、化妆品、钥匙这些。我们这款胸包虽然看起来小，但是装手机、口红这些完全是绰绰有余的！

主播：平时出门带东西多的家人们，可以看看我们店铺首页的手提包，办公通勤必备。

弹幕2：背起来方便吗？会不会勒得慌，活动不开啊？

主播：这款胸包的重量只有100克，非常轻便，它的背带是可调节的，可以根据你的身高和体型来调节！它还有一个磁性扣，可以快速地打开和关闭，用起来十分方便！

主播：而且咱们这款胸包主要背在胸前或者背后，完全不会影响你的日常生活和各种动作，所以大家完全不用担心活动不开。

3. 观众担心胸包不够安全怎么做？

弹幕：胸包会不会容易被人偷窃或者扯掉？

主播：家人们，咱们家这款胸包有一个防盗设计，就是它的拉链是朝向内侧的，只有你自己能够打开它，别人想要偷你的东西很难！

主播：咱们家这个胸包是扯不下来的，只能你自己从头上取下来，或者打开磁性扣来解开，大家完全不用担心会被不小心扯掉！

…………

⚠ 【关键过错不要犯】

1. 主播在介绍胸包的创意性和差异化时，要注意突出品牌的设计理念和灵感来源，但不能牵扯其他品牌或者产品，更不能让观众感觉该包模仿或者抄袭了其他品牌。主播不要说"这款胸包是我们从×××品牌或者×××的产品上学习来的""这款胸包跟×××品牌或者×××的产品一样"等。

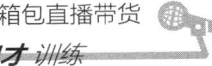

2. 主播在介绍胸包的功能性和便捷性时，要注意展示胸包的实际上身效果和使用感受，不能夸大或者虚构胸包的功能和效果。不要说"这款胸包可以放下你的所有东西""这款胸包可以让你随时随地想装就装"等。

3. 主播在介绍胸包时，要注意根据观众的反馈和问题来调整自己的语气和内容，不能一味地重复自己的观点和信息。不要一直说"这款胸包真的很好很好""这款胸包你们一定要买要买"，这样会让观众产生厌烦感。

4.1.4 情景32：个性话题

【痛点痒点这样抓】

1. 担心渔夫帽无法展现个性：渔夫帽是不是都是一个样子的？会不会显得太普通、太没有辨识度啦？

2. 担心渔夫帽不够酷：渔夫帽是不是只有老年人或者渔民才戴？会不会显得太土气？

3. 担心渔夫帽不够时尚：渔夫帽是不是已经过时了？会不会跟不上潮流？

某服装品牌直播间正在销售一些帽子，主播小瑜正在向直播间的观众介绍一款经典的渔夫帽。很多年轻消费者都喜欢有独特性的产品，他们觉得这样更能体现自己的个性。小瑜抓住展现个性和小众这两个点，来打开年轻消费者的话匣子。

【应答问题这样想】

1. 观众担心渔夫帽无法展现个性怎么办？

对于担心渔夫帽不能展现个性的观众，主播可以围绕渔夫帽的创意性和差异化进行介绍，展示品牌的设计理念和灵感来源，以及直播间的定制服务，打破观众对渔夫帽的刻板印象，让他们看到渔夫帽的新颖性和独特性。

2. 观众担心渔夫帽不够酷怎么办？

对于担心渔夫帽不够酷的观众，主播可以围绕渔夫帽的历史和文化进行介绍，展示渔夫帽的起源和发展，以及一些明星戴过渔夫帽的照片或者视频，打破观众对渔夫帽的偏见和误解，让他们看到渔夫帽的酷。

3. 观众担心渔夫帽不够时尚怎么办？

对于担心渔夫帽不够时尚的观众，主播可以围绕渔夫帽的流行趋势和搭配技巧进行介绍，展示不同季节、不同场合、不同风格的穿搭示范，以及一些时尚杂志或者时尚博主对渔夫帽的推荐或者评价，打破观众对渔夫帽的刻板印象，让他们看到渔夫帽的潮和有范。

【互动催单这样讲】

1. 观众担心渔夫帽无法展现个性怎么做？

弹幕：渔夫帽是不是都是一个样子的？会不会显得太普通、太没有辨识度啦？

主播：怎么会呢？完全不是这样的，渔夫帽是一款很经典的帽子，有太多太多辨识度超高的款式了！

主播：咱们家这款渔夫帽就是一个非常有创意，能体现差异的款！它是一个宽边的设计，有一点点牛仔的风格在里面，你既可以穿出自己的个性和风格，也可以穿出自己的心情和态度！

主播：如果你有自己的专属审美和独特需求，咱们家这款渔夫帽是支持定制的，你可以选择自己喜欢的颜色、图案、文字、符号等来设计自己独一无二的渔夫帽！

主播：你也可以把自己喜欢的元素或者想说的话都刺绣在上面，让它替你说想说的话！或者让它成为你的专属符号！

2. 观众担心渔夫帽不够酷怎么做？

弹幕：渔夫帽是不是只有老年人或者渔民才戴？会不会显得太土气？

主播：哈哈哈，×××宝宝你好可爱啊！咱们这款是渔夫帽，但并不是真的让你出海打鱼戴的。

主播：渔夫帽是一种有历史和文化背景的帽子。它起源于爱尔兰，最初是渔民和水夫戴的防雨用具，后来被一些艺术家和作家所喜爱，他们都用渔夫帽来展现自己的个性和风格！很多的影视角色也都在银幕上留下了戴渔夫帽的

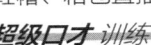

形象！

主播：我给大家推荐的这款渔夫帽又酷又有型！它既可以穿出一种老派的复古感，也可以穿出新潮的潮流感！

3．观众担心渔夫帽不够时尚怎么做？

弹幕：渔夫帽是不是已经过时了？会不会跟不上潮流？

主播：时尚是一个圈，而现在它刚刚好又转回到了渔夫帽这里！我这里有一些时尚杂志或者时尚博主对渔夫帽的推荐或者评价，像著名的×××杂志就说渔夫帽是这几年秋季又火、又潮的单品，还有很多时尚博主戴着渔夫帽出镜呢！

主播：现在流行的渔夫帽有很多种，例如有些是用牛仔布或者皮革制作的，有些是用毛线或者棉花制作的，有些是用亮片或者珠子装饰的，有些是用印花或者涂鸦设计的，等等。

主播：咱们家的这款渔夫帽非常符合当下的流行趋势！你们看我今天戴的就是这款渔夫帽，它是一个红色的经典款，颜色非常醒目，会给你的穿搭以点睛之笔。而且它的正面还有刺绣图案，非常有细节感！

…………

【关键过错不要犯】

1．主播在介绍渔夫帽的历史和文化背景时，要注意尊重渔夫帽的原始用途和含义，不要不懂装懂，更不要乱说一通，否则会引起观众的反感。

2．主播在介绍渔夫帽的流行趋势和搭配技巧时，要注意适当地参考和引用一些权威和专业的时尚资源，不能随意地发表自己的主观意见，不要说"我觉得渔夫帽只能配这种衣服""我觉得渔夫帽只适合这种人戴"等。

3．主播要注意根据观众的实际情况和需求来给出合理的建议，不能一概而论或者强行推荐，不要说"这款渔夫帽适合所有人戴"等。

4.1.5 情景33：商务话题

【痛点痒点这样抓】

1. 担心衬衣穿起来不够正式或过于随意：这款衬衣能不能在重要的商务场合穿啊？会不会因为太过休闲而影响职业形象？

2. 担心衬衣搭配困难：如何搭配这款衬衣才能显得既专业又有个性啊？

3. 担心衬衣质量不过关：这款衬衣的面料和做工怎么样？能不能经得起频繁穿着和清洗啊？

某服装品牌直播间正在进行"毕业求职季·新装备·新征程"的商务专场直播，主播小杰正在向直播间的观众介绍一款西装内搭的衬衣。直播间里有马上毕业的大学生、初入职场的新人，也有成熟老到的职场前辈，他特别挑选了一些商务、职场等相关话题来跟大家一起讨论，促进销售。

【应答问题这样想】

1. 观众担心衬衣穿起来不够正式或过于随意怎么办？

对于担心衬衣穿起来不够正式或过于随意的观众，主播可以展示衬衣在不同商务场合的穿着效果，如商务会议、日常办公或商务旅行，通过实际案例来说明衬衣的适用性。

2. 观众担心衬衣搭配困难怎么办？

对于不知道怎么搭配衣服的观众，主播可以为其提供多种风格的搭配方案，如经典商务款、时尚商务款或休闲商务款，展示衬衣与西装、领带、裤子等的搭配技巧。

3. 观众担心衬衣质量不过关怎么办？

对于担心衬衣质量不过关的观众，主播可以详细介绍衬衣的面料选择、缝制工艺和保养方法，强调品牌对质量的重视和保证。

【互动催单这样讲】

1. 观众担心衬衣穿起来不够正式或过于随意怎么做？

弹幕1：这款衬衣能不能在重要的商务场合穿啊？

主播：当然可以！这款衬衣采用经典剪裁设计，不仅适合于正式会议，也适合于日常办公。它的面料挺括有型，即使长时间坐着也不易皱，能让我们保持整洁的形象。

弹幕2：会不会因为太过休闲而影响职业形象？

主播：亲爱的，你不用担心这个问题哦！咱们家这款衬衣虽然是休闲风格的，但是它的材质高档，剪裁立体，上身会显得你很端庄、很得体，所以完全不会影响你在正式场合的个人职业形象！

2. 观众担心衬衣搭配困难怎么做？

弹幕1：如何搭配这款衬衣才能显得既专业又有个性啊？

主播：这款衬衣的色彩和设计都非常百搭。你可以选择与之相配的深色西装和领带，展现出稳重的商务风格；或者搭配一条亮色的裤子和领结，增添一丝时尚感。

弹幕2：我喜欢你说的第二种搭配，但是我不知道什么颜色的裤子和领结比较好看，你能给我推荐一下吗？

主播：当然可以！你可以根据你的肤色和喜好来选择，如果你的肤色比较白，你可以选择一条酒红色的裤子和一条金色的领结，这样可以增加你的气质和魅力；如果你的肤色比较黄，你可以选择一条藏青色的裤子和一条银色的领结，这样可以显得你的肤色更加健康和明亮！

3. 观众担心衬衣质量不过关怎么做？

弹幕1：这款衬衣的面料和做工怎么样？能不能经得起频繁穿着和清洗啊？

主播：这款衬衣使用优质棉质面料，触感舒适，透气性好，即使频繁清洗也不易变形。我们的缝制工艺精细，每针、每线都经得起考验。

弹幕2：那这款衬衣怎么清洗和熨烫呢？会不会很麻烦？

主播：清洗和熨烫很方便，完全不用担心。这款衬衣非常易于护理，你只需要按照洗涤标签上的说明来操作，就可以保持衬衣的洁净。

主播：我们还会为每件衬衣上附上一张护理指南，告诉你如何正确地清洗和熨烫衬衣，让你的衬衣更加耐穿。

…………

⚠ 【关键过错不要犯】

1．主播在展示衬衣时，应确保镜头能够捕捉到衬衣的细节和整体效果，不能只是一个角度的静态展示，这样无法很好地展现衬衣的设计和质感。

2．主播在讲解时，应保持语速适中、语调清晰。不要快人快语、含混不清，否则可能与销售的商品品牌形象相冲突，也无法展示主播的专业性。

3．主播在描述衬衣时，不要使用可能引起误解或负面印象的词汇，而应使用正面、积极的词语来描述衬衣的特点和优势。

▷▷ 4.2 抓问题：取得信任

4.2.1 情景34：材质问题

【痛点痒点这样抓】

1．担心跑步鞋不透气：闷不闷脚啊？会不会容易出汗？会不会有异味？

2．担心跑步鞋不舒适：会不会夹脚？会不会磨脚？会不会影响跑步的姿势和效果？

3．担心跑步鞋不耐穿：这款鞋的鞋底是什么材料啊？会不会容易磨损？会不会变形？会不会脱胶？

某运动品牌直播间正在销售他们的主推系列跑步鞋，主播小唐正在向直播间的观众介绍这个系列的明星款跑鞋。跑步爱好者在挑选跑步装备时，最关心的无外乎是专业性和性价比，于是小唐围绕跑步鞋的材质特点向观众卖力推荐。

【应答问题这样想】

1. 观众担心跑步鞋不透气怎么办？

对于担心跑步鞋不透气的观众，主播可以围绕跑步鞋的高科技材料进行介绍，展示跑步鞋的超强透气性，让观众看到跑步鞋的科技感。

2. 观众担心跑步鞋不舒适怎么办？

对于担心跑步鞋不舒适的观众，主播可以围绕跑步鞋的人体工学设计进行介绍，展示跑步鞋的超高舒适度，让观众相信跑步鞋的舒适性。

3. 观众担心跑步鞋不耐穿怎么办？

对于担心跑步鞋不耐穿的观众，主播可以围绕跑步鞋的优质工艺进行介绍，展示跑步鞋的超常耐用性，让观众信赖跑步鞋的品质。

【互动催单这样讲】

1. 观众担心跑步鞋不透气怎么做？

弹幕1：闷不闷脚啊？会不会容易出汗？

主播：这款跑步鞋使用了纳米纤维的材料。这种材料非常轻盈，只有普通材料的一半重量，但是有十倍的透气性！在这种透气性下，大家是完全不用担心闷脚的问题的。

主播：而且这种材料的更大的优点是它的微孔结构，它的每块纤维都有无数的微小孔洞。这些孔可以让空气自由地流通，同时也可以把汗水和异味迅速地排出，解决闷脚问题的同时解决排汗问题，让脚部始终保持干爽清新！

弹幕2：会不会有异味？

主播：不会有异味，我们这款跑步鞋的鞋垫含有一定的抗菌成分，它可以有效地抑制鞋内的细菌滋生，防止异味的产生，让脚部始终保持健康、无味！

2. 观众担心跑步鞋不舒适怎么做？

弹幕1：会不会夹脚？会不会磨脚？

主播：夹脚、磨脚咱们包退！这款跑步鞋参考了大量亚洲人的脚模数据，根据人体工学设计的鞋面，不会出现夹脚、磨脚的情况。大家只要按照我们的尺码表选购就可以，不合适的我给大家包运费退换！

弹幕2：跑步鞋会不会影响跑步的姿势和效果？

主播：这款跑步鞋的鞋底内嵌了一片高能碳板，它可以根据你的跑步速度和路况来适应性地调节鞋底弯曲度并增加回弹性，让你的跑步始终保持最佳状态！

主播：而且这款跑步鞋的鞋底还有橡胶防滑纹，可以增加鞋底的摩擦力，防止你在湿滑的路面上滑倒，让你的跑步始终保持安全稳定！

3．观众担心跑步鞋不耐穿怎么做？

弹幕1：这款鞋的鞋底是什么材料啊？会不会容易磨损？会不会变形？

主播：这款鞋是我们家的××系列产品×××，它的鞋底是一个多层叠加的设计，包含有橡胶外底、发泡中底和高能碳板。这种材料搭配非常结实耐穿。它的强度更好，重量更轻。它可以在承受各种地形和力量冲击的同时给你稳定的脚底支撑，更不容易磨损，也不会变形！

弹幕2：会不会脱胶？

主播：我们这款鞋的鞋底有很好的抗老化和抗腐蚀的功能，不易褪色！而且这款跑步鞋的鞋底和鞋面是一体成型的，没有任何的接缝和胶水，不会脱胶，也不会开裂！这些都是高品质跑步鞋的标准条件！

…………

⚠ 【关键过错不要犯】

1．主播在介绍跑步鞋时，要注意尊重和了解观众的需求和喜好，不要强推或者忽略观众的意见和反馈，这样会让观众感觉被冒犯。

2．主播在介绍跑步鞋时，要注意突出和展示跑步鞋的材质与功能的优势和特点，不要模糊或者隐藏跑步鞋的材质和功能的差异和亮点，这样不利于全面展示卖点。

3．主播在介绍跑步鞋时，要注意合理和适度地使用数据和证据，以增加说服力和可信度，不要夸大或者捏造跑步鞋的材质和功能的效果和评价。

4.2.2　情景35：品牌问题

【痛点痒点这样抓】

1. 担心手袋的品牌不知名：手袋的品牌是什么？有没有知名度？口碑怎么样？

2. 担心手袋的品牌不符合自己的定位：手袋的品牌是什么风格？是否适合自己的年龄、职业、气质？

3. 担心手袋的品牌不值得信赖：手袋的品牌有没有正规的生产、销售、售后渠道？有没有质量、安全、环保的认证？有没有假货、仿货、劣质货的风险？

某箱包品牌直播间正在销售"新风尚·新时尚"系列新品，主播小瑾正在向直播间的观众介绍一款手袋。为了提高观众对品牌的认可度，她专门对品牌相关的问题进行了一些解答和回应。

【应答问题这样想】

1. 观众担心手袋的品牌不知名怎么办？

对于担心手袋的品牌不知名的观众，主播可以围绕品牌的历史、发展、荣誉、合作等方面进行介绍，展示品牌的实力和影响力，让观众了解品牌的背景和故事。

2. 观众担心手袋的品牌不符合自己的定位怎么办？

对于担心手袋的品牌不符合自己的定位的观众，主播可以围绕品牌的风格、特色、设计理念等方面进行介绍，展示品牌的个性和价值，帮助观众找到与品牌之间的共鸣点，从而进一步说服他们购买。

3. 观众担心手袋的品牌不值得信赖怎么办？

对于担心手袋的品牌不值得信赖的观众，主播可以围绕品牌的生产、销售、售后等方面进行介绍，展示品牌的质量和服务，让观众放心购买。

【互动催单这样讲】

1. 观众担心手袋的品牌不知名怎么做？

弹幕：手袋的品牌是什么？有没有知名度？口碑怎么样？

主播：咱家这款手袋的品牌是×××。这是一个有着十几年历史的知名品牌，它的产品在全球多个国家和地区都有销售，有明星用、有名人用，也有普通人用。它的口碑非常好，产品获得了众多消费者的认可。它的口碑绝对是有保证的！

主播：你们看我手上拿的这款手袋，它就是×××品牌的春季新品，它的设计非常时尚，颜色很鲜艳，材质也非常高档。而且它的做工非常精细，细节十分考究！

2. 观众担心手袋的品牌不符合自己的定位怎么做？

弹幕1：手袋的品牌是什么风格？

主播：亲爱的，你想要什么风格的手袋呢？咱们家这款手袋是×××品牌的中档产品。这个品牌的风格既有经典的，也有潮流的；既有优雅的，也有有活力的；既有简约的，也有复杂的。它的风格是多元的，可以满足不同消费者的需求和喜好。

主播：拿我手中的这款来说吧，红棕搭配的颜色，看上去非常醒目，可以肩挎可以手提，使用起来非常方便。它主打的是一种简约轻休闲的风格。

弹幕2：我是一位三十岁左右的白领，我喜欢简约大方的风格，这款手袋适合我吗？

主播：非常适合！亲爱的，×××品牌一直是众多白领人士的箱包首选品牌。这款手袋非常符合你的定位！

3. 观众担心手袋的品牌不值得信赖怎么做？

弹幕1：手袋的品牌有没有正规的生产、销售、售后渠道？有没有质量、安全、环保的认证？

主播：亲爱的，你问的这个问题非常非常重要！×××品牌是一个知名品牌，它有自己专业的生产基地，它有自己官方的销售平台，它有自己完善的售后服务，它是一个非常可靠的品牌！

弹幕2：有没有假货、仿货、劣质货的风险？

主播：亲爱的，你放心，每个从我们直播间卖出去的手袋，一定是都经过了严格的质量检测和安全认证的，每个产品都有专属的防伪标签和序列号，你可以通过官网扫一扫、查一查，或者咨询官方客服来验证它的真伪。

主播：而且我们保证，假一赔十，在我们直播间绝对不会有假货、仿货、劣质货的风险，感谢大家对我们一直以来的信任！

…………

【关键过错不要犯】

1. 主播在介绍手袋的品牌时，要注意使用正面和积极的词语，不能使用负面和消极的词语，不要说"不知名""不符合""不值得"，这样会影响品牌的形象和消费者的信心。

2. 主播在介绍手袋的品牌时，要注意实事求是，要使用客观和真实的数据和事实来证明品牌的优点，不能夸大或者虚假地宣传品牌的优点。主播不要说"全球最大""全球最好""全球最贵"等，这样会让消费者感觉不真实、不可信。

3. 主播在介绍手袋的品牌时，要注意尊重和保护品牌的知识产权，要使用适当和合法的方式来介绍品牌的知识产权，不能泄露或者侵犯品牌的商业秘密。不要说设计师的姓名、生产工艺的细节、合作伙伴的信息，这样会影响品牌的利益，甚至引发合作纠纷。

4.2.3 情景36：价格问题

【痛点痒点这样抓】

1. 担心行李箱太贵：这个牌子的行李箱是不是都很贵？买不起啊！
2. 担心行李箱不值得：行李箱的质量怎么样？能用多久？有什么特色功

能吗？

3. 担心行李箱不实用：行李箱的大小、重量、容量、轮子、拉杆、锁等方面怎么样？能满足我的出行需求吗？

某箱包品牌直播间正在销售行李箱，主播小贾一边向观众们介绍、展示行李箱的细节，一边回答大家提出的一些问题。

【应答问题这样想】

1. 观众担心行李箱太贵怎么办？

对于担心行李箱太贵的观众，主播可以围绕行李箱的性价比进行介绍，展示行李箱的原价、现价、折扣、优惠券等信息，让观众看到行李箱价格的实惠和划算。

2. 观众担心行李箱不值得怎么办？

对于担心行李箱不值得的观众，主播可以围绕行李箱的质量和功能进行介绍，展示行李箱的材料、工艺、设计、细节等方面，让观众看到行李箱的耐用性和便捷性。

3. 观众担心行李箱不实用怎么办？

对于担心行李箱不实用的观众，主播可以围绕行李箱的规格和实用性进行介绍，展示行李箱的大小、重量、容量、轮子、拉杆、锁等方面，让观众看到行李箱的实用性。

【互动催单这样讲】

1. 观众担心行李箱太贵怎么做？

弹幕：这个牌子的行李箱是不是都很贵？买不起啊！

主播：这个牌子的价格一直是比较高的，因为他们家主要做的是中高端产品，我相信家人们或多或少都看到过这个牌子的行李箱，可能是在机场，也可能是在明星、网红们的旅行记录中。

主播：但是，我怎么可能让家人们"只看着但是吃不到肉呢"！我的粉丝，我不宠，难道还要等别人？今天我们给大家直接补贴，我希望每个我的粉丝都不会再为选择旅行的行李而烦恼！

主播：今天直播间所有的×××品牌行李箱，满1000元我们直接补贴300元，满500元我们直接补贴150元！×××品牌行李箱，这么低的价格，你还等什么呢？赶紧下单吧！

2. 观众担心行李箱不值得怎么做？

弹幕1：行李箱的质量怎么样？能用多久？

主播：我告诉大家，这款行李箱的质量非常好！它用的是高强度的PC材料，我把镜头拉近给大家看看。它的表面非常光滑，没有划痕！它的硬度非常高，可以承受很大的压力和冲击，不会轻易变形或者破裂！

主播：它的使用寿命非常长，可以用至少10年！而且它还有防水、防尘、防刮、防紫外线等功能，可以保护你的行李不受外界的影响！

弹幕2：有什么特色功能吗？

主播：当然有啦！咱们家这款行李箱能让你的旅行更加方便和舒适！它有360度旋转的万向轮，你可以随心所欲地推拉它，不用费力，不用担心卡顿或者卡死！它还有可调节的铝合金拉杆，你可以根据你的身高和习惯来调节，不用弯腰，不用累！

3. 观众担心行李箱不实用怎么做？

弹幕1：行李箱的大小、重量、容量怎么样？

主播：家人们，咱家这款行李箱的大小、重量、容量都是一个标准！它有3个尺寸，分别是20英寸、24英寸、28英寸。最小的20英寸行李箱完全符合国际航空标准，可以作为登机行李，不用托运，不用担心丢失或者损坏！

主播：最大的28英寸行李箱的重量也只有3.5千克，非常轻便，不会给你增加负担！最小的20英寸行李箱的容量都有40升，非常能装，完全不用担心不够用！

弹幕2：行李箱能满足我的出行需求吗？

主播：当然能啦！咱们家这款行李箱非常适合各种出行场合！无论你是出差、旅游、探亲、学习，它都可以满足你的需求！黑色格纹的外观设计，非常百搭，不挑人，不挑衣服，更不挑目的地！

…………

⚠ 【关键过错不要犯】

1. 主播在介绍行李箱时，要注意适当地展示行李箱的内部和外部，让观众能够清楚地看到行李箱的结构和功能，不要只展示行李箱的正面或者侧面。

2. 主播在介绍行李箱时，要注意控制好语气和情绪，不要说得太过于夸张或者太过于平淡，要根据行李箱的特点和优势来调节自己的语气，激发观众的购买兴趣。

3. 主播在介绍行李箱时，不要使用一些虚假或者夸大的词语，如"最好""最强""最牛""最便宜"，要使用一些客观或者合理的词语，如"高品质""高性价比""高耐用性""实惠"。

4.2.4　情景37：退换问题

【痛点痒点这样抓】

1. 担心羽毛球鞋退换麻烦：羽毛球鞋如果不合适或者有质量问题，可以退换吗？退换的流程是怎样的？退换的时间和费用是多少？

2. 担心羽毛球鞋退换影响售后服务：羽毛球鞋如果退换了，还能享受原来的售后服务吗？退换后的羽毛球鞋还有质保期吗？退换后的羽毛球鞋还能参加活动或者优惠吗？

3. 担心羽毛球鞋退换后的质量：羽毛球鞋如果退换了，会不会收到别人退的货或者有瑕疵的鞋子？退换后的羽毛球鞋会不会和原来的鞋子有色差或者尺寸差？

某运动品牌直播间正在进行羽毛球装备专场销售，当天销售的都是羽毛球运动相关的专业服饰和鞋履。因为专业羽毛球运动装备价格较高，主播小宁正在耐心地回答观众提出的有关羽毛球鞋的退换问题。

【应答问题这样想】

1. 观众担心羽毛球鞋退换麻烦怎么办？

对于担心羽毛球鞋退换麻烦的观众，主播可以围绕羽毛球鞋的退换政策和流程进行介绍，告诉观众羽毛球鞋在什么情况下可以退换，退换的条件和要求是什么，退换的步骤和方式是什么，退换的时间和费用是多少，以及退换的注意事项和常见问题，让观众了解退换货的相关信息，消除他们的疑虑和担忧。

2. 观众担心羽毛球鞋退换影响售后服务怎么办？

对于担心羽毛球鞋退换影响售后服务的观众，主播可以围绕羽毛球鞋的售后服务进行介绍，告诉观众羽毛球鞋的售后服务包括什么内容，比如保修期、维修服务、客服咨询等，以及退换后的羽毛球鞋是否还能享受原来的售后服务，退换后的羽毛球鞋的保修期是否会延长或缩短，退换后的羽毛球鞋是否还能参加活动或者优惠，让观众放心购买和使用。

3. 观众担心羽毛球鞋退换后的质量怎么办？

对于担心羽毛球鞋退换后的质量的观众，主播可以围绕羽毛球鞋的质量和性能进行介绍，告诉观众羽毛球鞋的质量和性能是经过严格的检测和认证的，退换后的羽毛球鞋都是全新的或者是经过专业的修复和清洁的，不会有任何的破损、瑕疵、污渍、变形等问题，退换后的羽毛球鞋的质量、性能和原来的鞋子一样，不会有任何的差别，让观众安心购买和使用。

【互动催单这样讲】

1. 观众担心羽毛球鞋退换麻烦怎么做？

弹幕1：羽毛球鞋如果不合适或者有质量问题，可以退换吗？

主播：亲爱的，当然可以退换啊！咱们支持7天无理由退换！只要你在收到鞋子后的7天内，把鞋子和发票一起寄回给我们，我们审核无误后就会给你办理退换，无论是尺码不合适还是质量有问题，我们都会给你满意的解决方案！

弹幕2：退换的流程是怎样的？退换的时间和费用是多少？

主播：退换的流程也非常简单，你只需要在我们的官方网站或者购物平台上申请退换，填写退换信息，然后把鞋子和发票打包好，贴上物流退换单号，寄回给我们就行了，我们收到后会尽快给你处理，一般在3个工作日内就能完成！

主播：所有质量问题，均由我们承担退换运费！

2. 观众担心羽毛球鞋退换影响售后服务怎么做？

弹幕1：羽毛球鞋如果退换了，还能享受原来的售后服务吗？

主播：换货的羽毛球鞋完全是可以享受与之前同等的售后服务的！这个大家不用担心。

主播：你有任何的问题或者需求，我们都会及时地为你解决，让你满意！

弹幕2：退换后的羽毛球鞋还有质保期吗？退换后的羽毛球鞋还能参加活动或者优惠吗？

主播：退换后羽毛球鞋的质保期不会因为退换而延长或缩短，它还是按照你收到鞋子的日期开始计算，质保期内如果出现任何的质量问题，我们都会免费为你维修或者更换，请大家放心！

主播：退换后的羽毛球鞋依旧能参加我们的活动或者优惠，比如说我们现在正在进行的满减活动，累计购买10双鞋子，就可以领取50元的老客户红包！

3. 观众担心羽毛球鞋退换后的质量怎么做？

弹幕1：羽毛球鞋如果退换了，会不会收到别人退的货或者有瑕疵的鞋子？

主播：所有有瑕疵的鞋子或者有质量问题的鞋子，在我们退换处理后都不会进行二次销售！每双售出的羽毛球鞋的质量都是经过严格的检测和检查的！不会有任何的破损、瑕疵、污渍、变形等问题。

弹幕2：退换后的羽毛球鞋会不会和原来的鞋子有色差或者尺寸差？

主播：所有退换订单，我们都会按照原订单的产品规格或者退换要求进行发货，不会有任何的色差或者尺寸差别。你们可以放心地穿着它们，不会有任何的不适或者不协调感。这些都是由我们的专业设备为你们测量和对比过的，保证你们收到的鞋子都是绝对合适的！

主播：你们看我手上拿的就是一双退换后的羽毛球鞋，外观很干净，没有任何的痕迹和瑕疵。鞋底是全新的，非常坚固耐用，没有任何的磨损和裂缝。这些都是我们的专业人员为你们检查过的，保证你们收到的鞋子都是绝对完好的！

…………

【关键过错不要犯】

1. 主播在介绍羽毛球鞋时，要注意使用准确和专业的语言，不能使用一些错误或者模糊的词语。主播要使用一些具体和明确的词语，如"鞋子的鞋面采用了某种材料，具有某种特性""鞋子的鞋底采用了某种设计，具有某种功能""鞋子的鞋带采用了某种设计，具有某种效果"等。

2. 主播在介绍羽毛球鞋时，要使用一些真实和合理的语言，不能使用一些过于夸张或者虚假的语言。主播不要说"这款羽毛球鞋是全球最好的羽毛球鞋""这款羽毛球鞋可以让你打出世界冠军的水平""这款羽毛球鞋可以让你的脚永远不会受伤"等，这样会让观众感觉主播不诚实、不可靠。

3. 主播在介绍羽毛球鞋时，要注意适当地使用一些富有情感和幽默的语言，不能使用一些冷冰冰或者刻板的语言，如"这款羽毛球鞋的价格是多少，优惠是多少，数量是多少"等，这样会让观众感觉主播没有热情，没有亲和力，也没有吸引力。主播要使用一些温暖和有趣的语言，如"这款羽毛球鞋的价格是你的一个微笑，优惠是你的一个赞，数量是你的一颗心"等，这样会让观众感觉主播有热情、有激情。

4.3 抓心理：产生心流

4.3.1 情景38：个性心理

【痛点痒点这样抓】

1. 担心皮衣会显得太过张扬或者不合适：皮衣是不是只有摇滚明星或者骑车族才能穿？会不会给人一种太过刺激或者不正经的感觉？怎么才能穿出适合自

己的气质?

2. 担心皮衣会显得单调或者无趣:皮衣是不是只有黑色或者棕色的选择?会不会看起来太沉闷或者太普通?怎么才能穿出多样化和个性化的风格?

3. 担心皮衣会不舒适或者不保暖:皮衣是不是只能在冬天穿?会不会太厚重或者太紧绷?怎么才能穿出轻松和舒适的感觉?

某服装品牌直播间正在销售皮衣,主播小林正穿着一件夹克版的机车皮衣向观众们介绍。喜欢穿皮衣的人一般都是追求个性的人,他们有自己鲜明的生活态度,小林知道销售皮衣的要点在哪。

【应答问题这样想】

1. 观众担心皮衣会显得太过张扬或者不合适怎么办?

对于担心皮衣会显得太过张扬或者不合适的观众,主播可以从心理学和社会学两个方面进行回应。主播可以告诉观众,皮衣其实是一种可以表达自我和个性的服装,它可以让你在人群中与众不同,也可以让你在不同的场合中展现不同的魅力。

2. 观众担心皮衣会显得单调或者无趣怎么办?

对于担心皮衣会显得单调或者无趣的观众,主播可以从颜色和款式两个方面进行回应,强调皮衣的多样性和个性化。主播可以告诉观众,皮衣其实有很多种颜色和款式,不仅有经典的黑色和棕色,还有时尚的红色和白色,甚至有彩色的皮衣,可以让你的穿搭更加丰富和有趣。

3. 观众担心皮衣会不舒适或者不保暖怎么办?

对于担心皮衣会不舒适或者不保暖的观众,主播可以从材质和搭配两个方面进行回应,强调皮衣的舒适性和保暖性。主播可以告诉观众,皮衣其实是一种非常舒适和保暖的服装,它是由优质的真皮或者仿皮制成的,可以让你的皮肤呼吸,也可以抵御风寒。

【互动催单这样讲】

1. 观众担心皮衣会显得太过张扬或者不合适怎么做？

弹幕1：皮衣是不是只有摇滚明星或者骑车族才能穿？

主播：家人们，不要有这样的误解啊！皮衣其实是一种非常百搭和通用的服装，无论你是什么职业或者什么性格，你都可以穿出自己的风格！

主播：皮衣在一定程度上反映了你的心理状态和个性特征，它向别人传达了一种个性鲜明的信号，一种充满生活激情的态度。

主播：我给大家举个例子，你们听说过弗洛伊德的理论吗？他说人的人格分为本我、自我和超我三个层次，本我是人的本能和欲望，自我是人的理性和自制，超我是人的道德和规范。

主播：大家可以把穿着皮衣理解为一种一定程度的本我表达，帮助你更加自信和勇敢！

弹幕2：会不会给人一种太过刺激或者不正经的感觉？

主播：这也是大家的一种误解啊！穿着皮衣并不意味着你就是不正经的！它只是一件衣服而已。

主播：很多艺术家也都很喜欢穿皮衣，他们是不正经的吗？恰恰相反，他们是杰出人士，他们拥有较高的社会地位。

主播：我们不要赋予一件衣服过多的含义，仅仅是出于喜欢就够了，不要被别人的眼光所阻碍。

2. 观众担心皮衣会显得单调或者无趣怎么做？

弹幕1：皮衣是不是只有黑色或者棕色的选择？

主播：皮衣其实有很多种颜色和款式，你们可以根据自己的喜好和风格来挑选！

主播：你们看看咱们家的这款皮衣，这是一款红色的皮衣，颜色非常醒目和时尚，它可以让你的穿搭更加有活力和亮点！

主播：你们再看看咱们家的这款皮衣，这是一款白色的皮衣，非常优雅和清新，它可以让你的穿搭更加有气质和品位！

弹幕2：会不会看起来太沉闷或者太普通？

第4章 ▶ 互动三抓：抓话题，抓问题，抓心理

主播：家人们，皮衣最酷了，好不好！很多舞台服饰首选就是皮衣，你所说的沉闷和普通，我觉得应该是款式的问题，是你没有找到好看的皮衣。

主播：看看咱们家的这款皮衣，机车夹克款的皮衣，又酷又帅气，它可以让你的穿搭更加有型和有范！

主播：这款飞行员夹克就更经典了，又休闲又舒适，还有复古的潮流感，可以说是每个男人的衣柜必备单品了！

3. 观众担心皮衣会不舒适或者不保暖怎么做？

弹幕1：皮衣是不是只能在冬天穿？

主播：秋冬穿都没问题啊，秋季穿不怕大温差和季节变化，既保持温度，又保持风度！

主播：冬天穿，我推荐我们家另一款皮大衣，非常柔软又舒适，抵御风雪完全不怕！

弹幕2：会不会太厚重或者太紧绷？

主播：宝宝们，不要担心啊！皮衣本身就是一件修身的衣服，它会显得你的身材线条更好，但是不会厚重和紧绷。

主播：我现在身上穿的这款皮衣，就是一款修身剪裁的皮夹克，但是大家可以看到啊，它非常贴合曲线，既能突出身材的线条感，同时不会显得臃肿！

主播：我活动起来完全没有束缚感，大家看啊，手臂活动起来很轻松，完全不紧绷，完全没问题啊家人们！

…………

⚠【关键过错不要犯】

1. 主播要遵守商业道德和法律规范，不能虚假宣传或者欺骗消费者。

2. 主播要注意观众的反馈和情绪，不能对观众的意见或者批评有过激的反应，要尽量化解观众的疑虑和不满，要用礼貌和诚恳的态度赢得观众的信任和好感。

3. 主播要注意调节直播的氛围和沟通语气，不要让直播间的气氛过于压抑。主播要根据观众的心理和情绪，适当使用幽默话语和赞美，营造一个轻松和愉快的直播环境，要鼓励观众积极参与互动。

4.3.2　情景39：品牌心理

【痛点痒点这样抓】

1. 担心买到劣质或假冒的羊毛衫：羊毛衫的质量如何？会不会起球或缩水？怎么才能辨别真假？

2. 担心买到不符合自己喜好或需求的羊毛衫：羊毛衫的款式和颜色有多少种？会不会跟别人撞衫或过时？怎么才能找到适合自己的款式？

3. 担心买到高价低质的羊毛衫：羊毛衫多少钱啊？这也太贵了吧！这么便宜是不是真的羊毛啊？

某服装品牌直播间正在销售他们的冬季新品，主播小雨正在给直播间的观众介绍一款羊毛衫。针对这种高价值低购买频次的服装，她特别强调了羊毛衫的品牌故事和品牌价值。

【应答问题这样想】

1. 观众担心买到劣质或假冒的羊毛衫怎么办？

对于担心羊毛衫质量的观众，主播可以从材质、工艺和认证三个方面进行回应。主播可以告诉观众，羊毛衫是用100%绵羊毛制作的，柔软舒适，保暖透气，不会起球或缩水。羊毛衫的工艺也是经过精心设计和制作的，细节处都有品牌的标志和标签，不会有瑕疵或脱线。羊毛衫还通过了国际权威的质量认证，我们可以保证羊毛衫是正品，不会有假冒或仿制的风险。

2. 观众担心买到不符合自己喜好或需求的羊毛衫怎么办？

对于担心羊毛衫款式和颜色的观众，主播可以从多样性、时尚性和个性化三个方面进行回应。主播可以告诉观众，羊毛衫有多种款式和颜色可供选择，可以满足不同人的喜好和场合。羊毛衫的款式和颜色也是根据最新的流行趋势和潮流元素设计的，可以让你穿出时尚感和品位。羊毛衫还可以根据你的需求进行个性化定制，可以让你拥有独一无二的羊毛衫，不用担心跟别人撞衫或过时。

3. 观众担心买到高价低质的羊毛衫怎么办？

对于担心买到高价低质的羊毛衫的观众，主播可以从性价比、优惠和服务三个方面进行回应。主播可以告诉观众，羊毛衫的价格是非常合理和公道的，因为它的质量、款式和颜色都是一流的，是高档的服装。羊毛衫还有很多优惠活动，比如满减、打折、赠品等，可以让你省钱又省心。羊毛衫还有很好的售后服务，比如包邮、退换、保修等，让你买得放心，穿得舒心。

【互动催单这样讲】

1. 观众担心买到劣质或假冒的羊毛衫怎么做？

弹幕1：羊毛衫的质量如何？会不会起球或缩水？

主播：问这个问题的家人是不是刚刚关注我们啊？我家的羊毛衫质量肯定是没问题的，毕竟我们是做羊毛衫的老品牌了！

主播：我家的羊毛衫可是用超过××%的绵羊毛制作的，柔软舒适，保暖透气，不起球、不缩水！

弹幕2：怎么才能辨别真假？

主播：我家的羊毛衫每件都会进行严格的检验，确保每件羊毛衫都达到了出售标准。辨别真假最简单的方式就是看品质，我家的羊毛衫颜色鲜艳纯正，线条流畅，版型规整，裁剪得体！

主播：我们的官网提供真假鉴别服务，你可以登录我们的官网，输入羊毛衫的吊牌验证码，查明真伪。

2. 观众担心买到不符合自己喜好或需求的羊毛衫怎么做？

弹幕1：羊毛衫的款式和颜色有多少种？

主播：家人们，我家的羊毛衫有多种款式和颜色可供选择，可以满足不同人的喜好和场合！

主播：你们看看我身后的这些羊毛衫，它们有圆领、V领、高领、开衫等不同的款式，可以适合不同的气温和气质。它们也有黑色、白色、灰色、红色、蓝色、绿色等不同的颜色，可以搭配不同的服饰和心情。

主播：我家的羊毛衫的款式和颜色也是根据最新的流行趋势和潮流元素设

计的，你们看看这件黑色的高领羊毛衫，它的领口有一个金色的拉链，可以使你的脖子视觉上看起来更加修长和优雅，也可以让你的整体造型更加有层次和个性！

弹幕2：怎么才能找到适合自己的款式？

主播：其实找到适合自己的羊毛衫很简单啊！你只需要根据你的身材、肤色和风格来选择就行了！

主播：你身材高挑，就可以选择一些长款或者宽松的羊毛衫，可以让你的身材更加优美和舒展。如果你是娇小可人的妹子，你可以选择一些短款或者紧身的羊毛衫，可以让你的身材曲线更加突出，比例更好。

主播：多尝试总能找到适合自己的款式。

3. 观众担心买到高价低质的羊毛衫怎么做？

弹幕1：羊毛衫多少钱啊？这也太贵了吧！

主播：家人们，我家的羊毛衫的价格是非常合理和公道的，因为它的质量、款式和颜色都是一流的，一看就知道是高档的服装。

主播：我们是一个有着几十年历史的服装品牌，我们的创始人就是做羊绒生意发家的。

主播：我们一直秉持着使用优质羊毛，采用精湛工艺、独特设计，为消费者打造高档的羊毛衫的宗旨！

弹幕2：这么便宜是不是真的羊毛啊？

主播：哈哈哈，这位家人真是实力很强啊！我们主打的是高档、高品质，价格并不是我们追求的唯一指标。我们希望带给人们温暖和品质的生活！

…………

⚠【关键过错不要犯】

1. 主播在介绍羊毛衫品牌时，要客观地介绍羊毛衫的品牌故事和品牌价值，不要对羊毛衫的品牌进行虚假或夸大的宣传，不能利用观众的无知或盲目来诱导他们购买。

2. 主播不要对羊毛衫的质量进行不实或不负责的承诺，不能隐瞒或掩盖羊毛衫的缺陷或问题。主播要真实地介绍羊毛衫的材质、工艺，让观众了解羊毛衫的优势和特点，也要告知观众如何正确地保养和清洗羊毛衫，避免造成不必要的损坏或投诉。

3. 主播在介绍羊毛衫品牌时，要专注地介绍羊毛衫的品牌故事和品牌价值，不要对羊毛衫的品牌进行不恰当的比较，不能贬低其他品牌的羊毛衫。

4.3.3　情景40：人际心理

【痛点痒点这样抓】

1. 担心潮牌球鞋会影响自己的社交形象：潮牌球鞋是不是只适合某些人或者某些场合啊？会不会让人觉得不正经或者不专业？怎么才能穿出自己的社交风格？

2. 担心潮牌球鞋会影响自己的社交关系：穿潮牌球鞋是不是会让人觉得自己太张扬？会不会让人觉得自己太自我或者太随意？怎么才能穿出自己的社交态度？

3. 担心潮牌球鞋会影响自己的社交机会：穿潮牌球鞋是不是会让人觉得自己没有思想啊？会不会让人觉得自己太盲目或者太保守？怎么才能穿出自己的社交魅力？

某鞋履品牌直播间正在销售一些时尚潮品球鞋，主播小陶正在向直播间的观众展示一款联名潮牌球鞋。球鞋文化已经成了年轻人社交中的重要话题，小陶抓住这个话题跟观众进行互动。

【应答问题这样想】

1. 观众担心潮牌球鞋会影响自己的社交形象怎么办？

对于担心潮牌球鞋会影响自己的社交形象的观众，主播可以从个人风格方面进行回应。主播可以告诉观众，潮牌球鞋是一种可以展现自己个人风格的鞋子，他们应该根据自己的喜好和目的选择不同的款式和颜色，以便于在不同的社交场合树立自己的形象标签。

2. 观众担心潮牌球鞋会影响自己的社交关系怎么办？

对于担心潮牌球鞋会影响自己的社交关系的观众，主播可以从社交态度方面进行回应。主播可以告诉观众，潮牌球鞋是一种可以展现自己的社交态度的鞋子。它们可以帮助你表达自己的个性和价值观，让你在社交中更加自信和主动，也可以让你在社交中更加受尊重和包容。

3. 观众担心潮牌球鞋会影响自己的社交机会怎么办？

对于担心潮牌球鞋会影响自己的社交机会的观众，主播可以从社交魅力方面进行回应。主播可以告诉观众，潮牌球鞋是一种可以提升自己的社交魅力的鞋子，它们可以让你在社交中展现出气质和有品位，让你在社交中更加有吸引力和有人缘，也可以让你在社交中更加有自信和有魄力。

【互动催单这样讲】

1. 观众担心潮牌球鞋会影响自己的社交形象怎么做？

弹幕1：潮牌球鞋是不是只适合某些人或者某些场合啊？

主播：不是哦！现在的年轻人都喜欢潮牌球鞋的，它已经成了一种社交符号了。没有一双潮鞋，你都不太好意思说自己是个时尚弄潮儿！

主播：球鞋是一种几乎适合所有人和所有场合的鞋子，只要你有自己的个人风格，你就可以穿出自己的独特形象！

主播：很多潮牌球鞋的设计理念都是多元、包容、自由的，它是一种精神符号！

弹幕2：会不会让人觉得不正经或者不专业？

主播：让人觉得不正经或者不专业完全不是鞋的问题，是人的问题，鞋只是鞋而已！

主播：相反，人靠衣装马靠鞍，穿一双潮鞋，可以让你更自信，更有气场！面对各种场合，你会更有底气，因为你知道自己是品位还不错的人。

2. 观众担心潮牌球鞋会影响自己的社交关系怎么做？

弹幕1：穿潮牌球鞋是不是会让人觉得自己太张扬？

主播：宝宝们，不要有这样的担忧啊！穿一双潮牌球鞋不是为了张扬，而是为了彰显你的个性和态度！

主播：你有自己的思想、自己的态度，不用太在意别人的看法，毕竟你没法改变别人的想法。

弹幕2：会不会让人觉得自己太自我或者太随意？

主播：如果有人因为一双鞋子而说你太自我、太随意，那么他并不是一个真正的朋友，真正的朋友会分享你的快乐！

3. 观众担心潮牌球鞋会影响自己的社交机会怎么做？

弹幕1：穿潮牌球鞋是不是会让人觉得自己没有思想啊？

主播：这完全是误解啊！一双球鞋不会影响你的思想深度。但有一点可以肯定，至少不会有人觉得你是一个无趣的人。

主播：有太多的时尚人士、运动人士穿潮牌球鞋。它只是一种时尚潮流，一个社交话题，不要放大它的作用。

弹幕2：会不会让人觉得自己太盲目或者太保守？

主播：你来看我们的直播，你就是一个有风格、有品位的人，不要质疑自己的审美、自己的品位，盲目也好，保守也好，完全是个人的选择，只要你自己喜欢就好了。

主播：大家喜欢哪款鞋可以发到公屏上，我给家人们详细介绍一下。

…………

⚠【关键过错不要犯】

1. 主播要注意介绍潮牌球鞋的社交价值，不要让观众感觉潮牌球鞋只是一种自我满足的消费，要展示潮牌球鞋的交流性和影响力，让观众看到潮牌球鞋的人际关系价值和社交意义。

2. 主播要注意介绍潮牌球鞋的文化内涵，不要让观众感觉潮牌球鞋只是一种无意义的装饰，要展示潮牌球鞋的故事性和创造性，让观众看到潮牌球鞋的文化魅力和价值。

3．主播要注意介绍潮牌球鞋的品牌形象，不要让观众感觉潮牌球鞋只是一种随意的选择，要展示潮牌球鞋的品牌理念和品牌精神，让观众看到潮牌球鞋的品牌认同和价值。

4.3.4　情景41：价格心理

【痛点痒点这样抓】

1．担心披肩的价格太高，不值得购买：披肩是什么材质的？为什么这么贵？有没有优惠活动？

2．担心披肩的质量不好：披肩是不是正品？有没有质量保证？有没有售后服务？

3．担心披肩的价格不合理，被坑了：你们披肩的价格是怎么定的？怎么比×××家贵了那么多啊？

某服装品牌直播间正在销售他们的秋季服饰，主播小岚正在向直播间的观众介绍一款女士披肩。为了让直播间的观众自然地接受披肩的价格，她巧妙地在与观众的交流中利用了价格心理学的技巧。

【应答问题这样想】

1．观众担心披肩的价格太高，不值得购买怎么办？

对于担心女士披肩的价格太高的观众，主播可以从材质、工艺、设计三个方面进行回应。主播可以告诉观众，女士披肩是用高质量的羊毛制成的，柔软舒适，保暖透气，而且经过精细的编织和染色，颜色鲜艳，图案精美，每条都是独一无二的。主播还可以强调女士披肩是由知名的设计师亲自操刀设计的，兼顾了时尚和实用性。它既可以作为围巾，又可以作为披肩，还可以作为装饰，可以搭配各种服装和场合，非常百搭和实用。

2. 观众担心披肩的质量不好怎么办？

对于担心女士披肩的质量不好的观众，主播可以从正品、质量、售后三个方面进行回应。主播可以告诉观众，披肩是正品，有专门的标签和包装，可以通过扫码验证，而且有完善的质量检测和控制，保证每一条质量都是合格的。主播还可以强调女士披肩有完善的售后服务，如果有任何问题，可以随时联系客服，享受7天无理由退换货的权利，让观众放心购买。

3. 观众担心披肩的价格不合理，被坑了怎么办？

对于担心女士披肩的价格不合理的观众，主播可以利用价格锚点进行回应。主播可以告诉观众，女士披肩的价格相比同类产品有着明显的性价比优势，而且自己家的产品有独特的设计和品牌影响力，是值得购买的。

💬【互动催单这样讲】

1. 观众担心披肩的价格太高，不值得购买怎么做？

弹幕1：披肩是什么材质的？为什么这么贵？

主播：姐妹们，这款女士披肩可是用高品质的羊毛制成的，你们看，摸起来是多么柔软舒适啊！

主播：而且这款女士披肩的工艺非常精细，每条都是经过精心的编织和染色的，你们看看，这些颜色多么鲜艳，这些图案多么精美，每条都是独一无二的！

主播：不贵啦，某家的真丝系列披肩一条×××元呢！这已经是一个比较合理的价格了。

弹幕2：有没有优惠活动？

主播：有，姐妹们！咱家现在正在做秋季新品促销，只要在直播间下单，就可以享受9折优惠，而且可以享受礼盒包装，这样的机会可千万不要错过啊！

2. 观众担心披肩的质量不好怎么做？

弹幕1：披肩是不是正品？有没有质量保证？

主播：姐妹们，放心吧，绝对的正品，有一条是假的，我们假一赔十！

主播：你们可以看到，每条披肩都有咱们家的专属标签和包装，而且可以通过扫码验证，绝对不会有假货。

主播：而且咱家的女士披肩都是经过严格的质量检测和控制的，保证每条的质量都是合格的，你们放心购买啊！

弹幕2：有没有售后服务？

主播：当然有啊！咱家的所有商品都有完善的售后服务，如果你们在收到货后有任何问题，可以随时联系客服，我们会及时为你们解决。

主播：而且咱们家还有7天无理由退换货的服务，如果你们对女士披肩不满意，可以免费退货，我们会全额退款，让你们购物无忧！

3. 观众担心披肩的价格不合理，被坑了怎么做？

弹幕1：你们披肩的价格是怎么定的？

主播：姐妹们，这款女士披肩的价格是综合考虑多种市场因素后定的价格。关注披肩有一段时间的姐妹们应该知道，×××家、×××家的羊毛披肩价格是×××元、×××元，我们在高档披肩中价格并不高！

弹幕2：怎么比×××家贵了那么多啊？

主播：一分价钱一分货啊，姐妹们！我们家的披肩在质量上有优势，更在设计上有优势！

主播：咱们家的女士披肩是由知名设计师操刀设计的，既时尚又实用，既可以作为围巾，又可以作为披肩，非常百搭！

主播：我给大家看看，这颜色多么正，刺绣多么精细，质感多么棒！

…………

⚠ 【关键过错不要犯】

1. 主播要诚实地介绍女士披肩的价格和优惠，不要对女士披肩的价格和优惠进行虚假或夸大的宣传。不要说"女士披肩的原价是1000元，现在只要99元"这类话术，这样的价格差距太大，会让观众怀疑女士披肩的质量和真实性。

2. 主播要尊重观众的选择和意见，不要对观众的价格疑问或反馈进行嘲笑或贬低，要保持礼貌，给出合理的解释。不要说"你们对价格这么敏感是不是因为穷啊""这个价还要问，懂不懂时尚啊"这类话术，这样会伤害观众的自尊和感情，适得其反。

3．价格问题解答是披肩直播销售的重要环节，也是消除观众的疑虑和障碍的有效手段，主播不要在直播中回避谈论价格问题。

4.4 语句示范：直播间互动话题经典语句

4.4.1 时尚潮流类经典语句

【经典语句1】

时尚瞬息万变，而风格永久不衰！

【经典语句2】

我们为浪漫的人设计服装！

【经典语句3】

任何人都可以盛装出席，但时尚品位流露于日常穿着！

4.4.2 品质品牌类经典语句

【经典语句1】

拥有一件高档的服装,开启一种前所未有的生活!

【经典语句2】

不是普通的基础款,也不是普通的生活!

【经典语句3】

因为印花的不确定性,每件衬衫都是孤品!

4.4.3 价格价值类经典语句

【经典语句1】

时尚品位不等同于衣服价位,它更是一种个人阅历的完美平衡。

【经典语句2】

买衣服最重要的目的是放松我们自己!

【经典语句3】

穿最美的裙子,去见最爱的人!

4.5 句式总结：直播间互动话题句式模板

4.5.1 解答类句式

1. 这款_____（直播商品）的尺码是标准的，你可以根据你的身高和体重来选择合适的尺码。我现在穿的是_____（举例）码的，我身高_____（举例）厘米，体重_____（举例）公斤，你可以参考一下。如果你平时穿_____（举例）码的，那么这款也可以选_____（举例）码的，不用担心会太小或者太大哦。

2. 我们家的_____（直播商品）的面料是_____（介绍说明），非常_____（形容词），光泽非常好，穿起来非常_____（形容词）。它是经过特殊工艺处理的，不会_____（问题说明）或者_____（问题说明），你可以放心购买。

3. 这件_____（直播商品）的款式除了_____（颜色），还有_____（颜色）和_____（颜色），都是非常_____（形容词）和_____（形容词）的颜色，你可以根据你的喜好和肤色来选择合适的颜色。我现在给你展示一下_____（形容词）的效果，你可以看看，它是不是很漂亮呢？

4.5.2 赞美类句式

1. 你真是一个_____（形容词）的女孩，你的_____（赞美点）像_____（比喻对象）一样_____（形容词），你的_____（赞美点）像_____（比喻对象）一样_____（形容词）。你一定是一个有品位、有气质、有个性的女孩，你应该拥有最美的衣服！

2. 这件_____（直播商品）可以搭配一条_____（颜色）的_____（直

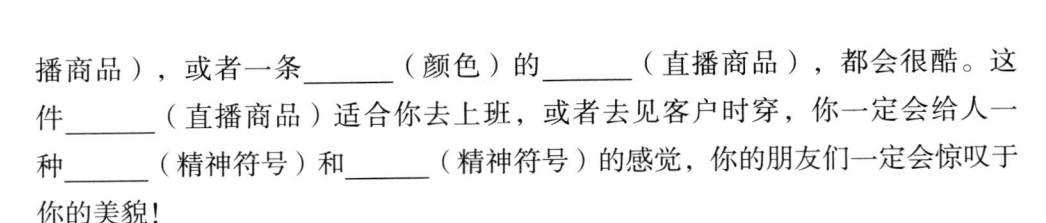

播商品），或者一条_____（颜色）的_____（直播商品），都会很酷。这件_____（直播商品）适合你去上班，或者去见客户时穿，你一定会给人一种_____（精神符号）和_____（精神符号）的感觉，你的朋友们一定会惊叹于你的美貌！

3. 你们都是有_____（名词）、有_____（名词）、有_____（名词）的人，我希望能给你们最好的！今天我为你们准备了一些特别的_____（直播商品），它们都是我精心挑选的。

第 5 章

说服三用：
用数据，用演示，用案例

5.1 用数据：说明论证

5.1.1 结论讲解法

结论讲解法是一种直接、简洁的直播方式。主播在开始直播时，可以首先简要概括自己的主题和目的，然后直接进入主题，讲解自己的结论和观点。这种开场方式可以让观众迅速了解主播的意图和内容，同时也可以激发观众的兴趣和好奇心。

例如："大家好，欢迎来到我的服装直播间。今天我想和大家分享我的穿衣理念——简约而不简单。我认为服装不仅是外在的装饰，更是一种内在的表达。在我看来，穿衣的关键在于款式选择和搭配。我会为大家展示如何用简单的单品搭配出时尚、简约的造型，让你们在日常生活中也能穿出自信和美丽。"

通过结论讲解法，主播可以迅速吸引观众的注意力，并传达自己的风格和特点。同时，主播还可以通过具体的搭配示例来增强观众对主播专业知识和经验的信任和好感，为后续的直播打下坚实的基础。

5.1.2 对比分析法

对比分析法是一种通过比较不同产品或服务的优缺点，帮助消费者做出更明智的购买决策的方法。主播可以通过对比不同品牌、款式、材质的鞋子，分析它们的优点和缺点，以及它们适合的场合和人群，让观众更清楚地了解不同鞋子的特点和适用范围。主播可以借助对比分析法来展示自己的专业知识和对鞋子的了解，同时也可以帮助观众更好地选择合适的鞋子，提高观众的购买满意度。

例如："大家好，欢迎来到我的直播间！今天我要给大家对比两款热门品牌的运动鞋，分别是××品牌的××系列和××品牌的××系列。

首先，我们来看看××系列。这款运动鞋以其独特的气垫技术和时尚的外观设计受到了很多人的喜爱。它的优点是舒适度高，能够提供良好的缓震效果，适合跑步和日常穿着。它的缺点是鞋面部分采用合成材料制成，有些人可能觉得不够透气。

接下来，我们来看看××系列。这款运动鞋以其出色的回弹性和耐久性而备受推崇。它的优点是能够提供良好的支撑和缓震效果，适合于长距离跑步和训练。它的缺点是鞋面部分采用网眼设计，虽然增加了透气性，但也可能有一些灰尘或杂物进入鞋内。

通过对比分析，我们可以发现这两款运动鞋各有优缺点，适用于不同的场合和人群。如果你更注重舒适度和时尚感，可以选择××系列；如果你更注重回弹性和耐久性，可以选择××系列。

最后，我要提醒大家的是，无论选择哪款运动鞋，都要选择合适的尺码和适合自己脚型的款式，以发挥出运动鞋的性能和优势，让我们的运动更加舒适和愉快。"

对比分析法在鞋子直播中非常实用，它可以有效地帮助消费者理解不同产品之间的差异，并做出明智的购买决策。通过比较不同品牌、款式和材质的鞋子，主播可以提供更为详细的产品信息，使观众更好地了解产品的特点和适用场合。

5.1.3 权威报告法

权威报告法是一种利用权威机构或专业人士的报告或建议来增强观众对主播信任度的方法。主播可以通过引用权威机构或专业人士对帽子的评价和建议来证

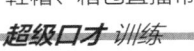

明产品的品质和价值。同时，主播还可以借助自己的专业知识和经验，对不同款式、材质、适用场合的帽子进行比较和分析，为观众提供更为全面的购买建议。

例如："首先，让我来介绍一下这款帽子的设计。它采用了一种高档的棉质材料，非常舒适，而且透气性非常好，我们即使在炎热的夏天戴它也不会感到闷热。帽子的颜色也非常鲜艳，能够轻松搭配各种服装，让你的造型更加时尚。

但是，这款帽子的真正亮点在于它的防晒性能。我们都知道，紫外线是皮肤最大的敌人，而这款帽子恰恰能够有效地防止紫外线的伤害。这是经过专业机构测试和证明的。报告显示，这款帽子的防晒指数达到了UPF 45+，这意味着它可以有效地阻挡××%的紫外线。"

通过引用权威机构或专业人士的报告或建议，主播可以增强观众对产品的信任度和认可度，并让观众更清楚地了解产品的特点和适用范围。

5.2 用演示：促动购买

5.2.1 情景42：箱包功能演示

【痛点痒点这样抓】

1. 担心拖箱不耐用：拖箱的轮子、拉杆、拉链等部件容易坏吗？能承受多大的重量和冲击？
2. 担心拖箱不安全：拖箱的锁具有什么特点？能防盗吗？
3. 担心拖箱不实用：拖箱的容量有多大？有什么分隔和收纳功能吗？

某拖箱直播间正在展示一款新款智能拖箱，主播小智准备了一些功能演示和实验，想通过展示拖箱的耐用性、安全性和实用性，吸引观众的购买欲望。直播间观众一边看直播一边进行了积极互动,大部分观众都对小智家拖箱的设计、材质、功能、价格等内容非常感兴趣。

【应答问题这样想】

1. 观众担心拖箱不耐用怎么办?

观众关注拖箱的耐用性,可能有购买意愿,主播要详细介绍拖箱的材料和制作过程,说明拖箱的优点和保养方法。

2. 观众担心拖箱不安全怎么办?

观众关注拖箱的安全性,可能是因为出行时需要保护好自己的贵重物品或者隐私,主播要详细介绍拖箱的锁具设计和特点,通过实验演示拖箱的防盗效果。

3. 观众担心拖箱不实用怎么办?

观众对拖箱的实用性有兴趣,可能是因为出行时需要装下自己的所有物品或者方便整理和取用,主播要详细介绍拖箱的容量和内部结构,通过实例展示拖箱的分隔和收纳功能。

【互动催单这样讲】

1. 观众担心拖箱不耐用怎么做?

主播:各位家人们想必都在寻找适合自己的旅行箱吧,那大家来小智家真是来对地方了!今天我给大家带来了一款超牛的智能拖箱,它不仅外形时尚,材质优良,而且有超级强悍的功能哦!

弹幕1:部件容易坏吗?

主播:大家都知道我们家的产品品质非常好,我们的拖箱都是采用高强度PC材料制作的,轮子是360度万向轮,拉杆是铝合金拉杆,拉链是双层防爆拉链,锁具是××认证密码锁。这些都是为了保证我们的拖箱能够稳定运行,不会突然出现轮子掉了、拉杆断了、拉链卡了、锁具坏了等问题。

弹幕2:这些都是口头说说的,有没有实验验证?

主播:当然有啦!咱们直播间不是光说不练,有真实的实验场景给大家看!大家看,我准备了一个拖箱,里面装满了砖头,重达××公斤!我现在用一只手轻轻地拉着它，在地上来回走几圈，大家看，轮子转得多顺畅，拉杆多稳固，拉链多平整！

2．观众担心拖箱不安全怎么做？

弹幕1：拖箱的锁具有什么特点？能防盗吗？

主播：××的这个问题很重要，因为我们出行时都希望自己的行李能够安全无忧。我们的拖箱的锁具是采用××认证密码锁的，这种锁具可以自己设置密码，这样可以保护自己的隐私和贵重物品。

弹幕2：那如果遇到强行撬锁或者剪刀剪拉链呢？

主播：这种情况也不用担心，因为我们的拖箱的拉链是双层防爆拉链，非常坚固耐用，即使被剪刀剪了也不会导致拉链开口。而且我们的拖箱还有一个特殊设计，就是在拉链两侧加了一层防撬条，这样即使有人想要用螺丝刀之类的工具撬开拉链，也会被防撬条挡住，工具无法进入拖箱内部。

3．观众担心拖箱不实用怎么做？

弹幕1：拖箱的容量有多大？

主播：我们的拖箱有三种尺寸可供选择，分别是20英寸、24英寸和28英寸的。20英寸的容量是38升，适合短途出行或者手提；24英寸的容量是65升，适合中长途出行或者托运；28英寸的容量是95升，适合长途出行或者多人共用。

弹幕2：有什么分隔和收纳功能吗？

主播：我马上给大家演示下功能哟。首先，我们的拖箱内部有一个可拆卸的隔板，我们可以根据自己的需要将拖箱分成两个独立的空间，方便分类整理和取用物品。我们的拖箱内部还有多个网格袋和拉链袋，可以用来放置一些小物品或者易碎物品，避免混乱或者损坏。

…………

⚠【关键过错不要犯】

1．主播不要夸大拖箱的功能，要保持真实和诚信，否则会失去观众的信任和好感。

2．主播演示介绍时不要忽略对拖箱的外观和设计的介绍，要突出对拖箱的时尚和个性的介绍，让观众感受到拖箱的品位和价值。

3．主播不要只用文字或者图片来演示拖箱的功能，而不进行实际操作或者实验。

5.2.2　情景43：服装材质演示

【痛点痒点这样抓】

1．担心材质不透气：雪纺衫的材质会不会闷热？有没有透气性？
2．担心材质不柔软：雪纺衫的材质有没有柔软性？穿着舒服吗？
3．担心材质不美观：雪纺衫的材质会不会起皱？有没有光泽度？

某服装直播间正在展示一款雪纺衫，它是一款来自一家知名品牌的产品，这家品牌对于产品风格和品质，都是十分注重的。直播间观众一边看直播一边与主播进行积极互动，大部分观众都对雪纺衫的材质、款式、搭配等内容非常感兴趣。

【应答问题这样想】

1．观众担心材质不透气怎么办？

观众关注雪纺衫的透气性，可能是因为他们想要在夏天穿着清爽舒适的衣服。主播要详细介绍雪纺衫的材质是如何保证透气性的，如何让人在炎热的天气中感觉凉爽的。

2．观众担心材质不柔软怎么办？

观众关注雪纺衫的柔软性，可能是因为他们想要穿着舒服的衣服。主播要详细介绍雪纺衫如何让人在穿着过程中感觉轻盈的。

3．观众担心材质不美观怎么办？

观众关注雪纺衫的美观性，可能是因为他们想要穿着漂亮的衣服。主播要详细介绍雪纺衫的材质是如何让顾客在穿着过程中展现出优雅和魅力的。

【互动催单这样讲】

1. 观众担心材质不透气怎么做？

弹幕1：雪纺衫的材质会不会闷热？

弹幕2：有没有透气性？

主播：这款雪纺衫的材质采用了××%真丝雪纺面料。真丝雪纺是一种天然蚕丝制成的轻薄透明的织物，具有很好的透气性和吸湿排汗性，可以让你在夏天穿着感觉清爽舒适，不会感觉闷热。

弹幕3：适合什么季节穿？

主播：你可以在夏天单穿这款雪纺衫，再搭配一条牛仔裤或者短裙，就可以展现一种清新自然的气质。

2. 观众担心材质不柔软怎么做？

弹幕1：有没有柔软性？

主播：这款雪纺衫的材质非常柔软，因为它是用真丝雪纺制成的，真丝雪纺是一种非常细腻和柔滑的织物，它的手感非常好，就像是抚摸着婴儿的肌肤一样。而且它可以根据身体的曲线和动作进行自然的变形和恢复，不会出现硬挺或者有皱褶的现象，可以让你在穿着过程中感觉轻盈自如。

弹幕2：穿着舒服吗？

主播：当然舒服啦！这款雪纺衫不仅材质柔软，而且有很好的亲肤性，因为它是用天然蚕丝制成的，不会产生任何异味或者刺激，可以让你在穿着过程中感觉舒适安心。

3. 观众担心材质不美观怎么做？

弹幕1：雪纺衫的材质会不会起皱？

弹幕2：有没有光泽度？

主播：这款雪纺衫的材质非常美观，真丝雪纺是一种具有光泽度和透明度的织物，它可以折射出不同的光彩，让你在穿着过程中散发出迷人的光芒。它有很好的弹性和稳定性，可以让你在穿着过程中保持平整和整洁。

…………

【关键过错不要犯】

1. 主播要注意根据材质的不同特点，选择合适的方式和角度来展示和演示，不要只用一种方法或者一个角度，要让观众看到材质的多方面和全面的效果。

2. 主播要注意在展示和演示材质的时候，配合自己的语言和表情，不要只说不做或者只做不说，要让观众感受到主播的专业和热情。

3. 主播要注意在展示和演示材质的时候，避免出现任何影响材质效果的因素，如光线、背景、摄像、道具等，要让观众看到材质的真实和清晰的状态。

5.2.3 情景44：鞋帽搭配演示

【痛点痒点这样抓】

1. 担心搭配不协调：针织帽如何与不同服饰搭配，才能既时尚又协调？
2. 担心针织帽的材质不舒适：针织帽的材质会不会扎头皮？戴着舒服吗？
3. 担心针织帽的款式搭配不美观：针织帽会不会显得老气？有没有时尚感？

某鞋帽直播间正在展示一些针织帽，观众们纷纷发言，表达了自己对于针织帽的关注点。大部分观众对于针织帽的搭配、材质、款式等方面都非常关心。

【应答问题这样想】

1. 观众担心搭配不协调怎么办？

观众关注针织帽的搭配问题，可能是因为他们想要在日常生活中穿着时尚又协调。主播要详细介绍针织帽如何与不同服饰进行搭配，并展示一些搭配示例，以帮助观众更好地理解。

2. 观众担心针织帽的材质不舒适怎么办？

观众关注针织帽的材质问题，可能是因为他们想要在佩戴过程中拥有舒适的感觉。主播要详细介绍针织帽的材质特点，并强调其柔软、舒适、保暖等特点，以让观众放心购买。

3. 观众担心针织帽的款式搭配不美观怎么办？

观众关注针织帽的款式问题，可能是因为他们想要在佩戴过程中展现出时尚感。主播要详细介绍针织帽的设计特点，并强调其百搭、时尚、简约等优点，以让观众感受到针织帽的魅力。

【互动催单这样讲】

1. 观众担心搭配不协调怎么做？

弹幕1：针织帽如何搭配好看？

弹幕2：有什么好的搭配建议吗？

主播：针织帽是一种非常百搭的时尚单品，可以与各种服饰进行搭配。比如，它可以搭配牛仔裤、休闲裤、裙子等，以展现出不同的风格。同时，我们还可以根据不同的场合和个人喜好来选择不同的搭配方式。比如，去上班可以搭配职业装，周末可以搭配休闲装，都非常时尚哦！

2. 观众担心针织帽的材质不舒适怎么做？

弹幕1：针织帽扎头皮吗？

弹幕2：戴着舒服吗？

主播：大家放心啦！我们的针织帽采用的是柔软的羊毛材质，非常亲肤，不会扎头皮。而且它还有很好的保暖性，适合春秋季节佩戴。同时，我们还使用了柔软的棉质面料，让帽子更加舒适柔软，不会出现硬邦邦的感觉。所以大家可以放心购买啦！

3. 观众担心针织帽的款式搭配不美观怎么做？

弹幕1：针织帽会不会显得老气？

弹幕2：有没有时尚感？

主播：大家放心啦！我们的针织帽非常时尚简约，不会显得老气。而且它还有多种颜色和款式可供选择，比如经典的黑色、灰色、白色等，还有时尚的印花款式等。大家可以根据自己的喜好来选择适合自己的款式。同时，我们还会根据不同的季节和流行趋势推出新的款式，让大家始终保持时尚感。

…………

⚠ 【关键过错不要犯】

1．在演示搭配时，主播要注意搭配的简洁性和时尚感，避免搭配过于烦琐或老气。同时，主播也要避免搭配过于随意，缺乏整体感和协调性。

2．在演示搭配时，如果光线过强或过暗，背景过于杂乱或不协调，可能影响观众对搭配效果的判断，主播要注意选择合适的光线和背景进行演示。

3．在演示搭配时，主播不仅要讲解理论知识，还要进行实物展示和示范，让观众看到真实的搭配效果。仅靠口头描述难以让观众形成具体的形象，影响演示效果。

▶▶ 5.3　用案例：现身说法

5.3.1　顾客推介法

顾客推介法是一种以顾客为中心的直播营销方法。它通过分享顾客的好评和亲身经历来吸引观众的注意力，并影响观众的购买决策。这种方法强调以顾客的声音来证明产品的品质和优势，从而让观众更加愿意购买和尝试。

例如："今天我想和大家分享一些非常棒的服装，这些服装都是通过我们优质的顾客反馈和亲身经历来展示给大家的。这些顾客不仅对我们的产品给予了高度评价，还分享了他们如何通过我们的服装来提升自信和美丽的经验。小王在我们这里购买了一条时尚牛仔裤和一件简约的白衬衫。她对这两件服装的品质和款式都非常满意，还分享了她是如何通过这两件简单的单品搭配出时尚、简约的造型。小王说，她穿上这两件服装后，感觉非常自信和舒适，同时也得到了很多朋友的好评。"

顾客推介法是一种非常有效的直播营销方法，它可以让观众更加信任和喜欢售卖的产品。在服装直播中，主播可以通过分享顾客推介的内容，为观众提供一些搭配建议和购物指导，从而让观众更加喜欢售卖的产品。

5.3.2 名人效应法

名人效应法是一种利用名人效应来吸引观众的直播营销方法。在直播中，主播可以利用名人的代言或者推荐来展示产品的品质和优势，从而让观众更加信任和喜欢售卖的产品。

首先，主播可以在直播开始时介绍自己的品牌和产品，然后引入一些名人代言或者推荐。这些名人可以是时尚界的明星、博主，也可以是专业领域的专家。通过他们的代言或者推荐，主播可以迅速赢得观众的信任感和好感。

其次，主播可以邀请一些名人来到直播间，让他们分享自己对产品的使用体验和感受。这些名人的亲身经历和感受可以更好地吸引观众，并增强他们对产品的信任感。

最后，主播可以展示一些产品的特点和优势，然后让明星发言，为观众提供一些搭配建议和购物指导。这些建议可以包括如何选择适合自己的款式、如何搭配不同的鞋品、如何穿出自信和美丽等。通过这些建议，主播可以让观众更好地了解售卖的产品，并激发他们的购买欲望。

5.3.3 销售数量法

销售数量法是一种通过展示销售成果和客户反馈来增强观众信任度和购买意愿的直播营销方法。主播在开始直播时，可以先总结自己的产品或服务的销售数量和购买人数，然后分析这个方法的优势和劣势，最后通过具体案例来说明这个方法的应用和效果。

例如："大家好，欢迎来到我的帽子直播间。今天我想和大家分享一下我们最近推出的新品帽子，以及一些客户的使用反馈。我们新推出的帽子款式多样、品质优良，深受广大客户的喜爱。自上架以来，我们已经售出了上千顶，收到了数百条客户的好评。"

销售数量法的好处在于，它可以让观众看到产品在市场上的受欢迎程度和直播间销售业绩，从而增强他们对产品的信任度和购买意愿。同时，它也会通过展示一些客户的真实反馈和评价，让大家更加了解产品的质量和效果。

5.4 语句示范：直播间说服经典语句

5.4.1 数据说服经典语句

【经典语句1】

事实证明，我们的款式和品质是无法抵挡的诱惑！数据告诉你们，这是当下流行的时尚单品！

【经典语句2】

我们的销量数据说明一切，品质与设计并存！这些数字不会骗人，大家来感受一下品质的力量！

【经典语句3】

这款衣服，销售数据累计破××万，好评率高达××%，数据证明它的品质和款式都是一流的！它的销售量已经连续三周排名店铺第×名了，这足以说明它的受欢迎程度和品质保障！

5.4.2 演示说服经典语句

【经典语句1】

我们的帽，戴上看，帽美如画；我们的鞋，穿上脚，舒适到家！

【经典语句2】

帽顶能遮阳，帽檐能防晒。演示来证明，质量顶呱呱！

【经典语句3】

版型超一流，演示见效果；设计有创意，演示看细节；颜色正当时，演示见品质，穿上它，成为潮流焦点！

5.4.3 案例说服经典语句

📖【经典语句1】

我们有大量客户反馈案例，证明这款鞋子在支撑和缓震方面都非常出色，穿上它，你的运动效果会更好！

📖【经典语句2】

舒适度和耐穿度，这款鞋子双双达标，案例摆在这儿，品质说话！

📖【经典语句3】

你是否曾经遇到过在运动中摔倒的情况？有一些热爱运动的客户反馈，自从穿上这款防滑设计的鞋子后，再也没有发生过摔倒的情况。咱们用事实证明它的防滑性能和稳定性都非常优秀！

▶ 5.5 句式总结：直播间说服句式模板

5.5.1 数据说服句式

1. 这款衣服采用了_____（棉含量）%的棉和_____（涤纶含量）%的涤纶面料。经过_____（水洗次数）次水洗工艺处理，衣服的面料更加柔软舒适，透气性极佳，尺码准确，适合各种身材，时尚的拼接设计和印花图案使其更添一份潮流感。该衣服价格实惠，仅售_____（售价）元，快来试试吧！

2. 这款衣服的面料柔软度高达_____（柔软度）%，触感极佳，缝制工艺精致度高达_____（针织密度）%，尺码表准确率高达_____（准确率）%，让你轻松找到适合自己的尺码。流行的印花图案和颜色搭配彰显时尚感，价格适中，仅售_____（售价）元，快来选购吧！

3. 这款衣服的品牌历史悠久，回购率高达_____（回购率）%，口碑分良好度高达_____（小店分数）分，让你放心购买。时尚的拼接设计和_____（配色种类）色的印花图案增添一份潮流感，价格合理，仅售_____（售价）元，性价比超高！

5.5.2 演示说服句式

1. 今天我要给大家展示的是我们这里的新品鞋子，都是刚从生产线上下来的，时尚舒适，质量优良。你们看看我手里拿的这个_____（鞋子品牌名），多么精致美观，不仅外表时尚，而且鞋底柔软、穿着舒适，让你走起路来轻盈省力。我现在就给大家试穿一下，这个_____（鞋子品牌名）多么贴合脚型。开场福利，数量有限，先到先得哦！

2. _____（品牌简称）运动鞋不仅是一种时尚的装备，还是一种富含技术、品质、舒适度等多种特性的产品，有利于提高运动表现、_____、_____、_____（列举作用好处）等。我现在就给大家演示下我们的运动鞋有多么的轻盈舒适。你们看我穿上后的姿态，就能感受到它的轻盈与舒适！

3. 今天我给大家带来了一款非常受欢迎的鞋子，就是我们品牌的明星产品_____（鞋子型号名）！这些鞋子都是在我们自己的工厂里生产的，经过精心的设计和制作，呈现出了_____（鞋子型号名）的独特风格和品质！我现在就给大家展示一下我们的_____（鞋子型号名）有多么的好看实用。你们看我用模特展示一下，可以看到它非常百搭时尚，无论是配牛仔裤还是裙子都非常合适。再试穿一下，嗯！真的是很舒适！鞋底柔软有弹性，穿着稳定自如，让人心情愉悦！

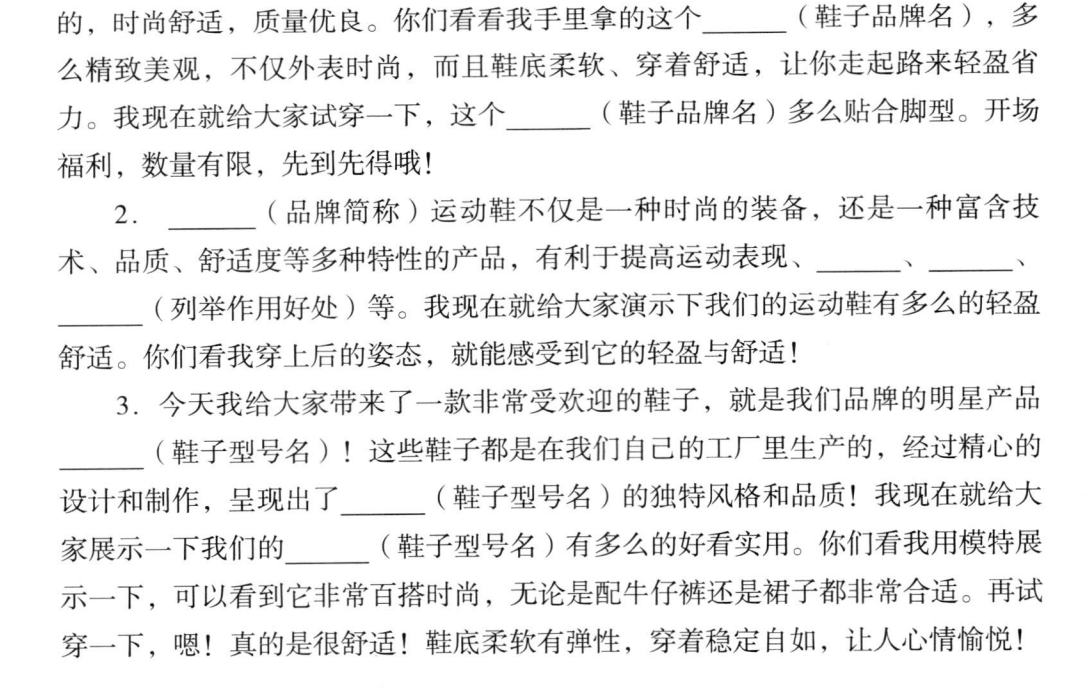

5.5.3 案例说服句式

1. 在这个周五的晚上，我准时出现在_____（直播平台名）的直播间，感谢各位的厚爱和支持。今晚，我不打算直接进入带货环节，而是想先和大家分享一个有趣的案例故事。这是一个关于_____（案例主题）的案例……

2. 家人们，下午好。我从小就对鞋子有着特别的追求，总是希望找到那种既舒适又时尚的鞋子。然而，在市场上，我总是难以找到真正令我满意的产品。直到有一天，我在网上发现了_____（品牌名），他们的产品介绍让我产生了浓厚的兴趣。虽然当时我有些怀疑，但是我还是决定尝试一下。结果，穿上这款鞋子后，我立刻被它的品质和舒适度所吸引。它不仅外观时尚，而且非常舒适，穿起来轻盈自如，让我觉得非常适合日常穿着。我觉得这么好的产品一定要分享给大家，所以我今天就来给大家介绍一下这款_____（产品名）。

3. 大家还记得我之前提到的那位经常跑步的朋友吗？他之前一直苦恼于找不到一双既舒适又支持他长距离跑步的鞋子。直到有一天，他尝试了我们的_____（鞋子品牌名）跑步鞋，结果发现它完美地满足了他的需求。这款鞋子不仅舒适贴合，而且具有出色的支撑和缓震性能，让他在长距离跑步中感觉更加稳定和轻松。现在，他已经成为这款鞋子的忠实粉丝了。所以，如果你也有类似的需求，不妨试试这款鞋子，相信你也会爱上它的！

第 6 章

打动三要：
要煽情，要正名，要走心

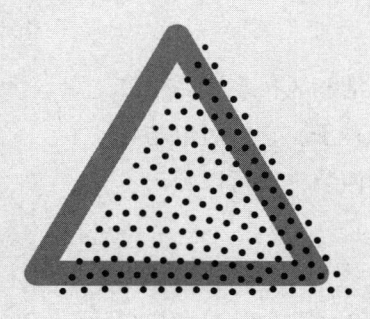

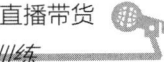

6.1 要煽情：点燃其"情"

6.1.1 情景45：直接调动法

【痛点痒点这样抓】

1. 担心沙漠靴会很难搭配：沙漠靴是不是只能配牛仔裤或者军装？会不会跟自己的衣服风格不协调？怎么才能穿出潮流感？

2. 担心穿着沙漠靴会影响脚部健康或舒适度：沙漠靴穿起来是不是很热、很重？怎么才能穿出舒适感？

3. 担心穿着沙漠靴会缺乏个性或创意：沙漠靴是不是都是一个样子的？会不会跟别人撞鞋？怎么才能穿出自己的特色？

某鞋履品牌直播间正在销售一批靴子，主播小刚正在向直播间的观众展示一款黄色沙漠靴。很多追求硬汉风格和美式穿搭的消费者都很喜欢沙漠靴，小刚特地跟直播间的观众分享关于沙漠靴的时尚文化。

【应答问题这样想】

1. 观众担心沙漠靴会很难搭配怎么办？

对于担心沙漠靴会很难搭配的观众，主播可以从搭配灵活和风格多变两个方面进行回应。主播可以告诉观众，沙漠靴是一种非常百搭的鞋子，它们可以与各种服装和配饰相配，无论是搭配休闲的牛仔裤，还是正式的西装，都可以穿出不同的风格。

2. 观众担心穿着沙漠靴会影响脚部健康或舒适度怎么办？

对于担心穿着沙漠靴会影响脚部健康或舒适度的观众，主播可以从材质优良和设计合理两个方面进行回应。主播可以告诉观众,沙漠靴是用高品质的皮革和绒毛制作的,它们可以保持脚部的透气和温暖,同时不会让脚部感到闷热、干燥。

3. 观众担心穿着沙漠靴会缺乏个性或创意怎么办?

对于担心沙漠靴会缺乏个性或创意的观众,主播可以从颜色丰富和细节精致两个方面进行回应。主播可以告诉观众,沙漠靴有很多种颜色可以选择,无论是经典的棕色,还是时尚的黑色,都可以满足不同的穿搭喜好和需求,搭配的创意空间很大。

【互动催单这样讲】

1. 观众担心沙漠靴会很难搭配怎么做?

弹幕1:沙漠靴是不是只能配牛仔裤或者军装?

主播:当然不是啊!沙漠靴是一种非常百搭的鞋子,你们可以随心所欲地搭配你们喜欢的服装和配饰,无论是搭配休闲的T恤,还是优雅的连衣裙,都可以穿出不同的风格!

弹幕2:怎么才能穿出潮流感?

主播:穿出潮流感其实很简单啊!重点在于抓住色彩和质感。比如说,一双棕色的沙漠靴,搭配一条蓝色的牛仔裤,再配上一件白色的衬衫,就是一种简约的英伦风格!

主播:沙漠靴在国际时尚界和明星圈中很受欢迎,很多人日常的出街穿搭都会选择沙漠靴。它总是能轻易带给人一种自信和硬朗的气质!

2. 观众担心穿着沙漠靴会影响脚部健康或舒适度怎么做?

弹幕1:沙漠靴穿起来是不是很热、很重?

主播:宝宝们,不要担心啊!我们家这款沙漠靴是用高品质的皮革和绒毛制作的,它穿起来没那么重同时可以保持脚部的透气和温暖,不会让脚部感到闷热或者干燥!

弹幕2:会不会让脚出汗或者起泡?

主播:不会的,沙漠靴的内部是用柔软的绒毛覆盖的,它们可以吸收脚部的汗水，保持脚部的干爽和舒适！而且沙漠靴的鞋型是根据人体工学设计的，它们可以贴合脚部的曲线，减少脚部的摩擦和磨损！

主播：我们家这款沙漠靴的鞋底是用橡胶制成的，不是那种硬邦邦的橡胶，而是踩起来感觉很软的软橡胶！它们可以提供良好的抓地力和缓冲力，同时减少脚部的疲劳，长距离行走也不用担心脚累起泡。

3. 观众担心穿着沙漠靴会缺乏个性或创意怎么做？

弹幕1：沙漠靴是不是都是一个样子的？

主播：肯定不是啊！沙漠靴有很多种颜色可以选择，你们可以根据自己的喜好和场合来挑选你们喜欢的颜色，无论是经典的棕色、黄色，还是时尚的黑色、红色，都可以展现出你们的个性和品位！

弹幕2：会不会跟别人撞鞋？

主播：撞鞋完全不怕，沙漠靴的区别主要在质感、版型和设计这些细节区别上，颜色可选较少，所以大家都不会觉得撞鞋会有什么问题。

主播：你们可以看看这双沙漠靴的鞋带，它们是用棉线编织的，粗糙有力，看起来十分有质感！鞋带孔也是黄铜的，一体感很强，质量非常好！

主播：很多沙漠靴都做不到这两点，他们会用化纤的鞋带、铁皮鞋带孔，所以即使外观颜色一样，我们家的沙漠靴还是一眼看上去更高级，这些都是细节的区别。

…………

⚠【关键过错不要犯】

1. 主播要注意控制自己的语气和表情，不要过于激动或者夸张，否则会让观众感到不真诚或者不专业，影响观众的信任度和购买意愿。

2. 主播要注意尊重观众的感受和选择，不要逼迫观众购买，更不能说一些威胁或者贬低的话，否则会让观众感到不舒服或者反感，导致观众流失或者舆论危机。

3. 主播要积极调动自己的情绪，不要平淡乏味地介绍，否则根本无法带动观众的情绪，也不可能调动观众的消费意愿。

第 6 章 ▶ 打动三要：要煽情，要正名，要走心

6.1.2 情景46：激情购买法

【痛点痒点这样抓】

1. 担心露背裙太暴露或不得体：露背裙是不是只适合夜店或派对？会不会给人轻浮或非正面的印象？怎么才能穿出优雅和自信？

2. 担心露背裙穿着不舒适或不安全：露背裙是不是很容易滑落或走光？会不会感觉冷或不适应？怎么才能穿出舒适和安心？

3. 担心穿着露背裙会被人议论：穿着露背裙会不会显得很艳、很俗气啊？会不会被别人盯着看啊？不会有人说穿着不检点吧？

某服装品牌直播间正在销售女士裙装，主播小静正拿着一条露背裙给观众展示，这是一条很漂亮的裙子，小静也很喜欢这条裙子，为了促进销售，她热情地向直播间里的女性观众描述一些美好的画面，来引发她们美妙的想象。

【应答问题这样想】

1. 观众担心露背裙太暴露或不得体怎么办？

对于担心露背裙太暴露或不得体的观众，主播可以从美学和场合两个方面进行回应。主播可以告诉观众，露背裙是一种展现女性魅力和气质的服装，它可以突出你的背部线条和肩部曲线，让你看起来更加优雅和迷人。而且露背裙并不是只适合夜店或派对，它也可以根据不同的场合和搭配穿出不同的风格。

2. 观众担心露背裙穿着不舒适或不安全怎么办？

对于担心露背裙穿着不舒适或不安全的观众，主播可以从材质和设计两个方面进行回应，强调其贴身和保暖的特点，以及防走光、防滑脱的设计要点。

3. 观众担心穿着露背裙会被人议论怎么办？

对于担心穿着露背裙会被人议论的观众，主播可以从心理和社会文化两个方面进行回应。主播可以告诉观众，露背裙是一种展现女性自信和魅力的服装，它可以让你表达你的个性和情感，也可以让你享受你的美丽和快乐。而且露背裙并

不是一种艳俗的服装，它是一种有着悠久历史和文化的服装，它是一种体现女性高贵和美丽的服装，它可以让你穿出一种优雅和迷人的风格。

【互动催单这样讲】

1. 观众担心露背裙太暴露或不得体怎么做？

弹幕1：露背裙是不是只适合夜店或派对？

主播：宝宝们，不要这么想啊！露背裙是一种非常优雅和高级的服装！

主播：你们知道吗？露背裙其实是一种很古老的服装，它很早就出现了。它是一种展现女性高贵和美丽的服装，它可以让你的背部和肩部看起来更加修长和迷人，也可以让你的气质更加出众！

弹幕2：怎么才能穿出优雅和自信？

主播：其实穿出优雅和自信很简单啊！重点在于选择合适的露背裙和搭配合适的场合。

主播：咱们家这款露背裙就是一款非常适合春季的露背裙。它的颜色和材质都很清爽和舒适，它可以给你一种轻松和自然的风格，可以让你在逛街或者约会中穿出一种浪漫的感觉。

主播：如果你想看起来休闲一些，你只需要搭配一件小西装或者一条披肩，就可以让你的整体形象更加完美！

2. 观众担心露背裙穿着不舒适或不安全怎么做？

弹幕1：露背裙是不是很容易滑落或走光？

主播：宝宝们，不要担心啊！咱们家这款露背裙可是经过了严格的质量检测和设计优化的，背部有一个隐形拉链，可以让你轻松地穿脱，也可以根据你的身材调节合适的紧度，不会滑落或走光。

主播：而且裙子的胸部和腰部处都有一些褶皱等细节设计，可以增加你的曲线美，也可以遮挡你身材的一些小瑕疵，让你穿出自信和舒适。

弹幕2：会不会感觉冷或不适应？

主播：咱们家这款露背裙是用高质量的棉麻混纺材料制作的，它既柔软又透气，可以让你的皮肤自在呼吸，不会感觉闷热或刺激。而且它具有一定的保暖性，让你感觉温暖贴身。夏天穿它是绝对不会热的，春秋天在室内也可以穿它。

主播：如果觉得还不够，你还可以搭配一件外套或者一件披肩。露背裙可以和很多经典单品搭配，既增加温度又不失优雅。

3．观众担心穿着露背裙会被人议论怎么做？

弹幕1：穿着露背裙会不会显得很艳、很俗气啊？

主播：露背裙绝对不是一种艳俗的服装，它是一种有着悠久历史和文化的服装，它是一种体现女性高贵和美丽的服装！我们经常在电影银幕上看到宴会中美丽的女士身着露背裙。她们往往是万众瞩目的主角。

弹幕2：会不会被别人盯着看啊？不会有人说穿着不检点吧？

主播：回头率一定是很高的，谁不爱看大美女呢！而且我们家这款露背裙，它的材质和设计都非常精致和高级，在人群中显得十分出众也很正常。

主播：不要管别人说什么，你穿出自己的风格，你自己是谁，你是什么样的人，没人比你自己更清楚。就让那些人永远躲在角落里窃窃私语吧，你只管站在阳光下，享受美丽。

…………

⚠️【关键过错不要犯】

1．主播要注意语言的规范和礼貌，不要使用不文明的词语，不能侮辱或歧视任何人或群体，不能谈论涉及敏感或违法的话题，不能造谣或诽谤任何人或事。

2．主播要注意试穿服装的尺度，不要穿着过于暴露或不协调的服装，不能给人一种不专业或不负责的印象，不能损害品牌的形象或声誉，不能违反直播平台的规则或标准。

3．主播要注意宣传介绍的分寸，不要使用虚假或夸大的宣传，不能欺骗或误导消费者，不能有违反消费者权益或法律法规的营销宣传行为。

6.1.3 情景47：瞬间秒没法

【痛点痒点这样抓】

1. 询问链条单肩包的购买意见：包包挺好看的，但是我还在犹豫要不要买。

2. 担心买到的链条单肩包不符合自己的期待：这款链条单肩包的质量怎么样？跟图片是不是一样的？会不会很容易坏啊？会不会显得土气或者很老气？

3. 担心买到的链条单肩包不值这个价格：这款链条单肩包的原价是多少？现在的折扣是多少？有没有其他的优惠活动或者赠品？

某箱包品牌直播间正在销售一款链条单肩包，主播小岚正在给直播间的观众展示这款链条单肩包，她挎着这款包做了一个很可爱的动作。为了快速成交，她特别强调了这款包包的稀缺性和抢购紧迫性。

【应答问题这样想】

1. 观众询问链条单肩包的购买意见怎么办？

对于询问链条单肩包的购买意见的观众，主播可以从商品的独家性和数量的有限性两个方面进行回应。主播可以告诉观众，这款链条单肩包是今天的直播专属商品，只有×××个，以此调动观众的紧张感，促进销售。

2. 观众担心买到的链条单肩包不符合自己的期待怎么办？

对于担心买到的链条单肩包不符合自己的期待的观众，主播可以从商品的质量和款式两个方面进行回应，强调商品的实物和图片或视频的一致性，以及商品的高品质和高颜值。

3. 观众担心买到的链条单肩包不值这个价格怎么办？

对于担心买到的链条单肩包不值这个价格的观众，主播可以从商品的原价和折扣两个方面进行回应，强调商品的超值和优惠，以及商品的其他的优惠活动或者赠品福利。

💬【互动催单这样讲】

1. 观众询问链条单肩包的购买意见怎么做？

弹幕：包包挺好看的，但是我还在犹豫要不要买。

主播：宝宝们，不要犹豫啊！这款链条单肩包是今天的直播专属商品，只有×××个，一旦售罄就没有了，这是一个千载难逢的机会，不要错过啊！

主播：你们看看这款链条单肩包的设计，是不是很有时尚感？这个链条的细节，是不是很有质感？这个颜色，是不是很百搭？这个大小，是不是很实用？这样的一款链条单肩包，你们还在等什么呢？

主播：现在直播间的人数已经超过了×××人，而这款链条单肩包只有×××个，大家的手速一定要快！不然等你回过神来就没了！

2. 观众担心买到的链条单肩包不符合自己的期待怎么做？

弹幕1：这款链条单肩包的质量怎么样？会不会很容易坏？

主播：宝宝们，放心吧，这款链条单肩包的质量是非常好的。它采用优质的PU皮制作的，非常耐用，不褪色、不掉色、不变形，五金也都是品牌件，你们完全可以放心购买！

主播：这款包背个两三年都不会坏的。大家放心，而且我们的好评率超过98%，每次这款包包一放货就很快就没了，如果质量不好的话，也根本不可能有这么高的人气！

弹幕2：跟图片是不是一样的？会不会显得土气或者很老气？

主播：这款链条单肩包的实物和图片是完全一致的，没有任何的色差。你们收到的就是你们看到的，所见即所得，你们不会失望的！

主播：怎么可能老气呢？我们家的单肩包款式都非常时尚，都是根据最新的流行趋势设计的，紧跟时尚潮流。

主播：无论你是上班还是约会，无论你是穿裙子还是穿裤子，它都能搭配！

3. 观众担心买到的链条单肩包不值这个价格怎么做？

弹幕1：这款链条单肩包的原价是多少？现在的折扣是多少？

主播：宝宝们，这款链条单肩包的原价是×××元！但是今天在我们直播间，大家可以享受专属福利折扣，只要×××元！

主播：你们算算，这是多少折扣！是不是非常划算？这是一个超级的优惠，你们不要错过啊！

弹幕2：有没有其他的优惠活动或者赠品？

主播：当然有啊！家人们，只要你在今天的直播中下单，不仅可以享受到这款链条单肩包的超低折扣，还可以参加我们其他的优惠活动！

主播：下单的家人们可以参加我们的抽奖活动，有机会赢取精美的首饰、化妆品、服饰等，价值上千元的奖品等你来拿！

主播：我们提供免费的礼品包装服务，我们会为你购买的链条单肩包进行精美的包装，有赠送礼物需求的家人千万不要错过哦！

…………

⚠【关键过错不要犯】

1. 主播要合理地设置链条单肩包的数量限制，但是不能过分地压缩链条单肩包的供应，否则会引起观众的反感。要保持供应的弹性和灵活性，让观众感到有希望和有机会买到。

2. 主播要清晰准确地介绍链条单肩包的优惠和赠品，不要随意地变更或取消链条单肩包的优惠和赠品，以免引起观众的不满或投诉。主播要兑现自己的承诺，让观众感到自己得到了价值和受尊重。

3. 主播在宣传抢购的稀缺和紧迫时，不要过度地刺激观众，否则很可能使观众失去兴趣。

6.2 要正名：辩证其"名"

6.2.1 名牌

【示例一】

弹幕：你们这品牌是不是杂牌子啊？都没有听过！

主播：我们家可不是什么杂牌子噢！你在平台的×××销量榜上能看到我们家的店铺，而且我们品牌马上要过×××岁生日了！

【示例二】

弹幕：是什么牌子的啊？有没有保障啊？

主播：家人们，我们家是一个新成立的潮牌，主打的是×××和×××的精神，你可以在我们的官网看到我们的最新款，也许你们已经在很多社交媒体上看过我们的衣服了！因为现在很多时尚圈的头部网红都在穿我们家的衣服！

【示例三】

弹幕：老牌子了，这么多年没听到什么动静，我还以为你们不做了呢！

主播：谢谢×××宝宝对我们持续的关注噢，我们这几年只是广告打得少了，把钱都花到开发新款式和提升消费者服务体验这些方面去了，毕竟钱要花在刀刃上嘛！

主播：我们这几年的投入产生的效果是十分显著的，我们品牌的回头客率高达××%，服装的款式更是被广大消费者认可，大家都很喜欢我们家的衣服。

6.2.2 名款

📖 【示例一】

弹幕：这件上衣的领口是什么样的啊？看看细节。

主播：这件上衣的领口是我们家的经典款设计，是一个V领的设计。

主播：V领能够有效地修饰脸型和颈部线条，大家可以看到这个细节吗？在领口处有一条金色的链条，增加了一些华丽和高贵的感觉。

📖 【示例二】

弹幕：这个袖子是怎么回事啊？怎么看起来怪怪的？

主播：这是一个泡泡袖的设计，是青春可爱小公主风的经典款式。

主播：泡泡袖能够增加女性的柔美感和可爱感。我们的泡泡袖设计在袖口处还有一层蕾丝，就像公主的长裙那样，是甜美和浪漫的气息啦！

📖 【示例三】

弹幕：你们家这个裙子是不是有问题啊？怎么感觉不对称呢？

主播：宝宝你没看错噢，这条鱼尾裙是一个经典的不对称设计，重点突出你的腿部和臀部线条，满满的性感和高级感！

6.2.3 名人

📖 【示例一】

弹幕：×××是不是你们家的代言人啊？我看到她穿你们家衣服了！好好看！

主播：×××宝宝你是真爱粉噢！我们刚刚签下了×××作为我们的形象代

言人，大家马上就能看到她为我们拍摄的时尚大片了！

弹幕：工作之外也穿你们的衣服，看来她确实喜欢你们家的衣服。

📖【示例二】

弹幕：你们家是不是在×××那里放了广告啊，我刷他视频看到了。

主播：对的，我们和×××建立了合作关系，他现在是我们的品牌推广官！

主播：所有×××都可以报他的专属优惠暗号来找我们的客服姐姐领取大额优惠券哦！

📖【示例三】

主播：我听说很多粉丝都想看×××，你们说我们把她请到直播间来怎么样？大家开心吗？

弹幕：真的假的？不会已经请来了吧？

主播：大家天天跟我念叨，那我能不上心吗？而且×××也是我们品牌的忠实粉丝噢！

▶ 6.3　要走心：善通其"求"

6.3.1　情景48：求美心理

【痛点痒点这样抓】

1. 质疑旗袍不够时尚或不够年轻：旗袍是不是只有老年人才穿？旗袍是不是只适合正式场合穿？旗袍是不是只有单一的款式和颜色？

2. 担心旗袍可能很难穿：旗袍是不是很难穿？穿旗袍是不是很容易走光？旗袍是不是很容易皱？

3. 担心旗袍的款式单一：旗袍是不是很千篇一律？旗袍是不是很难搭配？

某服装品牌直播间正在进行旗袍专场销售，主播小苓正穿着一件经典款传统旗袍向观众展示。她缓慢地转了一圈，动作优雅，婀娜多姿。很快直播间吸引了很多爱美人士前来观看。

【应答问题这样想】

1. 观众质疑旗袍不够时尚或不够年轻怎么办？

对于质疑旗袍不够时尚或不够年轻的观众，主播可以从时尚元素和年轻气息两个方面进行回应。主播可以告诉观众，旗袍是一种经久不衰的时尚单品，它可以与各种流行的配饰和鞋子相搭配，创造出不同的风格和效果。大家也可以根据不同的场合和心情选择不同的旗袍，展现出不同的魅力。旗袍不仅可以让你看起来优雅而有气质，也可以让你看起来活泼而有趣。

2. 观众担心旗袍可能很难穿怎么办？

对于担心旗袍可能很难穿的观众，主播可以从穿着技巧和面料质感两个方面进行回应，强调穿着旗袍的简单和舒适。主播可以告诉观众，穿着旗袍其实很容易，只要注意选择合适的尺码和款式，就可以轻松地穿出好身材和好气质。旗袍的设计也考虑了女性的活动和安全，不会让你感到不便或不安。旗袍的面料也是经过精选和处理的，手感柔软，光泽细腻，透气舒适，不会让你感到闷热。

3. 观众担心旗袍的款式单一怎么办？

对于担心旗袍的款式单一的观众，主播可以从细节设计和专业定制两个方面进行回应，强调旗袍的独特和多样。主播可以告诉观众，旗袍是一种充满细节和创意的服饰，它可以通过领型、袖形、开衩、颜色、图案、刺绣等来展现不同的风格和特点，也可以根据你的喜好和需求来进行个性化定制。旗袍不仅可以让你看起来与众不同，也可以让你看起来有个性。

第6章 ▶ 打动三要：要煽情，要正名，要走心

💬【互动催单这样讲】

1. 观众质疑旗袍不够时尚或不够年轻怎么做？

弹幕1：旗袍是不是只有老年人才穿？

主播：宝宝们，你们太小看旗袍了！旗袍可是一种适合任何年龄段的服饰，无论你是20岁还是50岁，都可以穿出自己的魅力！

主播：你们看看咱们家的模特，她们都是不同年龄段的美女，她们穿着旗袍，都是那么的优雅而有气质，你们说是不是？

弹幕2：旗袍是不是只适合正式场合穿？

主播：什么时候都能穿啊，这个没有限制！旗袍是一种适合各种场合的服饰，无论你是去参加宴会还是去逛街，都可以穿着旗袍，展现出不同的风格和效果！

主播：但是你要会选旗袍，懂得旗袍的知识，否则很可能穿成迎宾小姐。想了解更多的家人们可以向我们的客服妹妹咨询。

2. 观众担心旗袍可能很难穿怎么做？

弹幕1：旗袍是不是很难穿？

主播：旗袍一点都不难穿，恰恰相反，旗袍其实很容易穿，只要你按照咱们家的尺码表来选择合适的旗袍，就可以轻松地穿上去，不用担心会太紧或太松！

主播：而且咱们家的旗袍都是有拉链或者扣子的，你只要按照咱们家的穿着指南来操作，就可以快速地穿好，不用担心会费时又费力！

弹幕2：穿旗袍是不是很容易走光？

主播：我们家旗袍的设计其实已经最大限度地考虑了女性的安全和隐私，旗袍的领口和开衩都是有合理的范围和位置的，而且咱们家的旗袍都是有内衬或者打底的，你可以放心大胆地穿，不会让你感到不妥或不雅的！

主播：而且姐妹们穿旗袍里面肯定要穿打底裤的啊，只要你不做十分夸张的动作，不用担心走光的问题。

3. 观众担心旗袍的款式单一怎么做？

弹幕1：旗袍是不是很普通？

主播：旗袍一直是一种充满个性和创意的服饰，它可以通过不同的细节和设

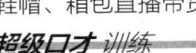

计来展现不同的风格和特点。你们看看咱家的旗袍，有的是立领的，有的是斜领的，有的是短袖的，有的是长袖的，有的是高开衩的，有的是低开衩的，它们完全是不同的风格。

弹幕2：旗袍是不是很千篇一律？

主播：家人们，旗袍的图案和颜色是很丰富的，尤其是手工旗袍，简直只能用艺术品来形容。

主播：我给大家简单介绍一下我们家的这几款旗袍，它们有红色的、有黑色的、有蓝色的、有白色的、有如意云头纹、有喜鹊报春团花纹、有园林山水纹、有菊花纹、有兰花纹等。

主播：除了这些传统的颜色和图案，我们还开发了时尚款的新时代旗袍，大家可以进入我们的店铺主页查看。

…………

⚠【关键过错不要犯】

1. 主播不要夸大旗袍的优势，要客观地介绍旗袍的特点和价值，不要说"旗袍可以让你变成仙女或者女神""旗袍可以解决你所有的穿衣难题""旗袍是你人生中必须拥有的一件衣服"等。

2. 主播可以适当地夸奖观众的品位和气质，但不能让观众感到被奉承或者被嘲讽，不要说"旗袍是世界上最美的服饰""旗袍可以让你秒杀所有的男人""旗袍可以让你成为所有女人的榜样"等。

3. 主播不要过分批评其他服饰，要尊重观众的选择和喜好，不能让观众感到被冒犯或被攻击，不要说"除了旗袍其他服饰都是垃圾""我看不上其他服饰""不懂得旗袍之美的人都没有品位"等。

6.3.2 情景49：求新心理

【痛点痒点这样抓】

1. 担心穿着汉服会显得不合时宜：汉服是不是只适合穿着于古风主题的活动？会不会让人觉得奇怪？怎么才能穿出时尚感？
2. 担心汉服穿起来不舒适或不方便：汉服是不是很厚重？会不会影响活动？怎么才能穿出舒适感？
3. 询问挑选汉服的相关知识：汉服有多少种类？每个种类有什么特色？怎么选择适合自己的汉服？

某服装品牌直播间正在销售新品汉服，主播小莲正在为直播间的观众展示一款汉服的袖口。她讲解了与汉服相关的文化内涵和时尚元素来吸引那些喜欢尝鲜的年轻人。

【应答问题这样想】

1. 观众担心穿着汉服会显得不合时宜怎么办？

对于担心穿着汉服不合时宜的观众，主播可以从历史传承和时尚创新两个方面进行回应。主播可以告诉观众，汉服是中华民族的传统服饰，它承载了五千年的文化底蕴，更是现在年轻人追求的最新时尚热点，它可以展现出一种优雅而有魅力的风格。

2. 观众担心汉服穿起来不舒适或不方便怎么办？

对于担心汉服穿起来不舒适或不方便的观众，主播可以从材质选择和穿着技巧两个方面进行回应，强调其透气轻盈的质感和简单易学的穿法。

3. 观众询问挑选汉服的相关知识怎么办？

对于想知道怎么选择适合自己汉服的观众，主播可以从汉服的风格、颜色、图案、面料等方面进行回应，强调每个人的喜好和态度是选择汉服的重要依据。主播可以给出一些选择汉服的建议和技巧，比如根据自己的身材、气质、穿着场合等因素来选择合适的汉服种类和款式，根据自己的肤色、气色、心情等因素来选择合适的汉服颜色和图案。

【互动催单这样讲】

1. 观众担心穿着汉服会显得不合时宜怎么做？

弹幕1：汉服是不是只适合穿着于古风主题的活动？会不会让人觉得奇怪？

主播：汉服可不是只适合穿着于古风主题的活动啊！很多的年轻人在各大社交平台分享自己的汉服穿搭照片，有不少女孩子都日常穿着汉服逛街呢！这可是现在最新、最热的潮流啊！

主播：汉服有它独特的历史韵味，将千年的文化气息穿在身上，你会有一种穿越时空的感觉！

弹幕2：怎么才能穿出时尚感？

主播：其实穿出时尚感很简单啊！重点在于抓住色彩和细节。比如，一件白色或者浅色的汉服，搭配一件红色或者深色的披风，再配上一双黑色或者金色的鞋子，就是一种简约的现代风格！

2. 观众担心汉服穿起来不舒适或不方便怎么做？

弹幕1：汉服是不是很厚重？会不会影响活动？

主播：宝宝们，不要担心，汉服远没有看上去那么厚重的！你们看我们家这款汉服，它是用优质的棉麻材质制作的，非常透气轻盈，不会让你感到闷热或沉重。

主播：而且咱们家这款汉服的穿法也很简单，只要按照我们提供的教程，就可以轻松地穿上和脱下，完全不会影响你的活动自由。

弹幕2：怎么才能穿出舒适感？

主播：穿出舒适感其实很简单啊！重点在于对尺寸和风格的选择。尺寸能给你身体的舒适感，风格能给你心里的舒适感。

主播：一件合身的汉服，可以让你的身体得到充足的舒展，不会有束缚感或松垮感。一件适合你的风格的汉服，可以让你的心情更加愉悦，不会有不自在或不自信的感觉。

3．观众询问挑选汉服的相关知识怎么做？

弹幕1：汉服有多少种类？每个种类有什么特色？

主播：宝宝们，汉服的种类非常多，每个种类都有自己的特色和魅力！你们可以看看咱们家这款汉服。它是一种曲裾，它的特色是上衣和下裙相连，裙摆呈弧形，非常优雅和大气！

主播：咱们家的汉服还有很多其他的种类，比如深衣、襦裙、袍衫、袄裙、直裾、圆领、盘领、对襟等，每种都有自己的历史和文化内涵，你们可以根据自己的喜好和场合来选择，穿出自己的风格和气质！

弹幕2：怎么选择适合自己的汉服？

主播：选择适合自己的汉服其实很简单！你们只要记住以下几个要点，就可以轻松地挑选出心仪的汉服！

主播：第一，要根据自己的身材和气质来选择合适的汉服种类和款式。如果你身材高挑，你可以选择一些长款的汉服，比如直裾或袍衫，可以让你的身材更加突出；如果你身材娇小，你可以选择一些短款的汉服，比如襦裙或袄裙，可以让你的身材更加协调。

主播：第二，要根据自己的肤色和气色来选择合适的汉服颜色和图案。如果你肤色白皙，你可以选择一些淡雅的汉服颜色，比如白色或浅蓝色，可以让你的肤色更加明亮；如果你肤色偏黑，你可以选择一些鲜艳的汉服颜色，比如红色或紫色，可以让你的肤色更加有活力。

主播：第三，要根据舒适度和季节来选择合适的汉服面料和质量。如果你喜欢舒适的感觉，你可以选择一些柔软的汉服面料，比如棉麻或丝绸，可以让你的穿着更加舒适；如果你在冬季穿着，你可以选择一些保暖的汉服面料，比如羊毛或绒布，可以让你的穿着更加温暖。

…………

⚠【关键过错不要犯】

1．不要对汉服的历史和文化背景进行错误或不恰当的解读，不能利用观众的好奇心或敬意来误导他们购买。不要把汉服和其他民族或国家的服饰混淆，不要把汉服和某些政治或宗教的立场联系，不要把汉服和某些迷信或邪教的观念联系。

2．不要对汉服的品质和功能进行虚假或夸大的宣传，不能利用观众的信任或期待来欺骗他们购买。不要把汉服的材质和工艺说得过于完美，不要把汉服的穿着和保养说得过于简单，不要把汉服的效果和价值说得过于神奇。

3．不要对汉服的风格和搭配进行刻板或武断的评价，不能利用观众的不确定或不自信来影响他们购买。不要把汉服的风格和搭配限定在某些固定的模式，不要把汉服的风格和搭配强加给某些特定的人群，不要把汉服的风格和搭配与某些负面的标签或情绪联系。

6.3.3　情景50：求廉心理

【痛点痒点这样抓】

1．担心背心的性价比不高：这款背心一件多少钱啊？多买有没有优惠？不会洗两次就烂了吧？

2．询问背心的质量水平：是不是棉的？是不是大牌子出的？不会缩水很严重吧？

3．担心背心穿起来不合身或者不舒适：男士背心的尺码怎么选？穿在里面当内搭不会不舒服吧？怎么才能避免勒肩或者掉肩？

某服装品牌直播间正在销售一些夏季服装，主播小胡正在给直播间的观众推荐一款男士背心。男士在购物时更多关注实用性和性价比，所以他特别讲解了与男士背心相关的质量保证和价格优惠。

【应答问题这样想】

1．观众担心背心的性价比不高怎么办？

对于担心背心的性价比不高的观众，主播可以从价格、优惠、耐用等方面进行回应，针对他们关注的痛点进行销售说服。

2. 观众询问背心的质量水平怎么办？

对于询问背心的质量水平的观众，主播可以从材质、工艺、认证等方面进行回应，强调其物美价廉的特点。

3. 观众担心背心穿起来不合身或者不舒适怎么办？

对于担心背心穿起来不合身或者不舒适的观众，主播可以从尺码、版型、舒适度等方面进行回应。

【互动催单这样讲】

1. 观众担心背心的性价比不高怎么做？

弹幕1：这款背心一件多少钱啊？多买有没有优惠？

主播：家人们，这款背心的价格你绝对不会失望的，只要×××元一件，而且有买二送一的活动。你算算，一件只要×××元，这是不是很划算呢？

主播：这是我们为了感谢大家的支持，特别推出的限时优惠，错过了就没有了哦！想要的家人们赶紧拍！

弹幕2：不会洗两次就烂了吧？

主播：大家可以放心，我们的背心经过了严格的质量检测，绝对不会出现洗几次就烂的情况。

主播：我们家的背心都是用的优质纯棉面料，非常耐用，不会变形、褪色、起球、破损，你可以放心地穿！

2. 观众询问背心的质量水平怎么做？

弹幕1：是不是棉的？

主播：是的，我们的背心是纯棉的，没有任何的化纤或者混纺的成分，你可以看看我们的成分标签，上面有成分注明。

主播：因为是纯棉的材质，所以我们的背心柔软透气，不会让你感到闷热或者不适，而且也不会对你的皮肤造成任何的刺激，大家可以放心大胆地穿，它绝对不会让你们失望的！

弹幕2：是不是大牌子出的？

主播：家人们，我们的背心是我们自己的品牌。我们是一家专业的服装生产和销售的公司，我们有自己的设计团队、生产工厂、质检部门，我们的产品都是经过严格的品控和检验的，我们的品牌也是经过国家商标局的注册和认证的。我们的背心不比那些大牌子的差！

主播：同样的品质，相比于大牌我们的价格更加亲民，因为我们的营销成本比他们低太多了！我们的背心价廉但是物美！你不妨试试看，你一定会喜欢的！

3. 观众担心背心穿起来不合身或者不舒适怎么做？

弹幕1：男士背心的尺码怎么选？

主播：这款背心的尺码有S、M、L、XL、XXL等多种选择，你可以根据你的身高和体重来选购，也可以参考我们的尺码表。我们的尺码表是根据实际的测量数据来制作的，非常准确，你可以在我们的商品详情页看到，或者你也可以咨询我们的客服，我们的客服会给你最合适的建议的！

弹幕2：穿在里面当内搭不会不舒服吧？怎么才能避免勒肩或者掉肩？

主播：我们家的背心都是非常适合当内搭的。它的面料是纯棉的，非常柔软透气，不会让你感到闷热或者不适的。

主播：而且它的版型是修身的，可以贴合你的身材，也不会显得松垮。它的领口和袖口都是有弹性的，不会勒肩或者掉肩，穿起来非常舒适，你可以搭配你喜欢的衬衫、T恤、外套等，穿出不同的风格！

…………

⚠【关键过错不要犯】

1. 主播在介绍背心时，要注意价格和质量的平衡，不能给观众一种主播在夸夸而谈或者骗人的感觉，要给观众真挚和诚实的感觉。

2. 主播要实事求是地介绍男士背心，不要夸大或者隐瞒男士背心的优缺点，也不要与其他品牌或者产品进行不恰当的比较。

3. 主播要及时地回应观众提出的疑问和给出的反馈，不要忽视或者拖延观众的提问，也不要敷衍观众，不能让观众感觉到主播在逃避问题。

6.4 语句示范：直播间打动顾客经典语句

6.4.1 点燃情绪经典语句

【经典语句1】

女人的衣柜永远缺一件衣服！美丽的女人更是如此！

【经典语句2】

你要做一个不动声色的大人，不准情绪化、不准偷偷想念、不准回头看。但，至少你值得一件自己喜欢的衣服！

【经典语句3】

你的穿搭不仅仅是衣服，更是一种态度、一种生活方式、一种自我表达！它就是你的名片！

6.4.2 辩证其名经典语句

【经典语句1】

我们品牌马上要开展×××周年庆典活动了，如果你还不认识我们，那么现在就是我们开启下一个×××周年缘分的起点！

【经典语句2】

这是最经典的款式，无数人穿着它经历了人生的一个个重要时刻，你需要去

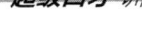

发现它的美!

【经典语句3】

感谢我们的品牌推荐官×××!感谢她对我们的大力支持!我们会和她一起,为大家奉上最美的裙子!

6.4.3 直击心理经典语句

【经典语句1】

美不是一种天赋,而是一种习惯!你需要用更好的品位去提升自己的美感!

【经典语句2】

我始终相信,裙子必须配合女人的身材,而不是女人的身材去配合裙子的线条!

【经典语句3】

这不是极致的低价!这是极致的性价比!用更低的价格买到更好的质量和更新的款式!

6.5 句式总结：直播间打动顾客句式模板

6.5.1 点燃情绪的句式

1. _____（直播商品）不仅是一种_____（品类名词），更是一种_____（文化符号），一种_____（精神符号）。你的_____（直播商品），就是你的_____（文化符号对应物），你的_____（精神符号对应物）。

2. 一_____（量词）好_____（直播商品），可以让你_____（动词）得更_____（形容词），更_____（形容词），更_____（形容词）！

3. 如果你还没有试过_____（直播商品），那么你就是一直没有找到答案！

6.5.2 辩证其名的句式

1. 可能这是你第一次来我们直播间，但我们已经_____（数字）岁了，我们一直期待着和更多的新朋友相遇！

2. 我是一名专业的_____（商品名称）销售主播，我为我们的品牌感到_____（形容词）！我知道有些观众可能对我们的品牌有一些误解或质疑，我在这里为大家解答一下。

3. 这绝对是一个经典的_____（款式名称）设计，_____（款式名称）可以增强_____（直播商品）的_____（形容词）效果。它独特的_____（款式说明）能够在_____（优势说明）的同时_____（优势说明）。

6.5.3 直击心理的句式

1. 也许你不是一个_____（理想模板），但至少你要有_____（文化或精神符号）的追求。

2. 没穿过_____（直播商品）的_____（理想模板）不算是_____（理想模板）。时尚易逝，风格永存！

3. 这是他们的底价，但不是我们的底价！想买_____（形容词）的_____（直播商品），就来我们_____（直播间名称）！

第 7 章

答疑三法：
直接法，间接法，反问法

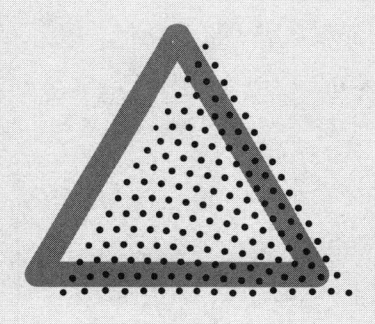

7.1 直接法：直解其疑

7.1.1 直接认同法

直接认同法的要点是主播在开始直播时，首先肯定并认同观众的期待和需求，然后再提出自己的观点和结论。这种直播方式可以让观众感受到主播的尊重和认同，同时也可以让观众更加关注主播的直播内容。

主播需要了解观众的需求和期待，以及自己能够满足这些需求和期待的方式。在开场时，主播可以肯定观众的期待和需求，并表达自己对于这些期待和需求的认同和关注。

弹幕：想听点实际实用的穿搭建议。

主播：非常认同××宝宝的说法，我知道大家对于时尚和美丽的追求从未停止，而我也是一个热爱时尚、注重生活质量的人。今天我想和大家分享一些我的穿衣搭配心得和建议，希望能为大家提供一些实用的帮助。

在肯定观众的期待和需求之后，主播可以顺势提出自己的观点和结论，让观众更加关注自己的直播内容。主播可以通过举例说明自己的观点和结论，在提出自己的观点和结论之后，主播可以通过具体的搭配示例来增强观众对于自己专业知识和经验的信任和好感。例如："下面我为大家展示一款简单的白色T恤如何搭配出不同的造型。这款T恤非常百搭，可以搭配牛仔裤、半身裙、短裤等，不同的搭配可以展现出不同的风格和魅力。"

7.1.2 直接驳正法

直接驳正法的要点是主播首先对观众的错误认知进行直接的纠正和驳斥，然后再提出自己的观点和结论。这种直播方式可以让观众迅速了解主播的专业知识和态度，同时也可以激发观众的兴趣和好奇心。

首先，主播需要了解观众的错误认知，以及这种错误认知对于主播的直播内容的影响。在开场时，主播可以明确指出观众的错误认知，并表达自己对于这种错误认知的不认同，进而进行纠正。

弹幕：想穿时尚些，但是衣服都挺贵的。

主播：我知道很多人跟××宝宝想得一样，都认为穿名牌、穿贵的就是时尚，但我认为时尚并不是用价格来衡量的。穿衣搭配的关键在于找到适合自己的风格和场合的衣服，用简单的单品搭配出时尚、简约的造型。主播将会通过具体的搭配示例，希望能让大家更加理性地看待时尚。

直接驳正法是一种有效的直播方式，主播可以通过纠正观众的错误认知，提出自己的观点和结论，并举例说明来增强观众的信任感和好感。在纠正观众的错误认知之后，主播可以顺势提出自己的观点和结论，让观众更加关注自己的直播内容。

7.1.3 直接推理法

直接推理法是一种逻辑严谨、条理清晰的直播方式。主播可以先明确自己的主题和目的，然后通过直接推理的方式，引导观众逐步理解自己的观点和结论。这种直播方式可以让观众更加深入地了解主播的思路和逻辑，同时也可以增强观众对主播的信任度和认可度。

弹幕1：我感觉胖的人穿这种衣服都没啥自信。

主播：今天我想和大家分享如何挑选合适的服装搭配，无论你是苗条的小仙女还是微胖的小天使，咱们今天的直播间都让你们在日常生活中更加自信和美丽。

弹幕2：胖的人穿你家这种衣服也能好看吗？

主播：首先，我们要了解自己的身材特点和风格偏好，这样才能更好地选择适合自己的服装款式和颜色。其次，我们要注意服装的质地和面料，好的面料可以让我们的穿着更加舒适和自信。最后，我们要注意搭配，通过简单的单品搭配出时尚、简约的造型。

通过直接推理法，主播可以更加清晰地表达自己的观点和思路，同时也可以让观众更加深入地了解自己的专业知识和经验。同时，主播接下来还可以通过具体的搭配示例来增强观众对主播专业知识和经验的信任和好感，为后续的直播打下坚实的基础。

7.1.4　直接验证法

直接验证法是一种直观而高效的直播方式。主播可以先简要介绍自己的主题和目的，然后通过现场演示、实际操作等方式，直接展示产品的特点、效果和质量。这种直播方式可以让观众迅速了解产品的真实性和实用性，同时也可以激发观众的购买欲望和信任感。

这种直播方法的核心在于"验证"，即通过实际操作和展示来证明产品的效果和质量。在服装直播中，主播可以通过试穿、搭配、展示等多种方式来验证自己的观点和推荐。

主播：大家好，欢迎来到我的服装直播间。今天我想向大家推荐这款连衣裙。它的设计简约大方，而且材质柔软舒适。我试穿一下给大家看看，你们可以看到它的收腰设计和蓬松的裙摆非常适合展现女性的优雅魅力。而且这款连衣裙非常百搭，无论你是配上一双高跟鞋还是平底鞋，都能穿出不同的风格。

通过直接验证法，主播可以向观众展示自己的专业知识和经验，同时也可以增强观众对产品的信任和购买意愿。在服装直播中，产品的质量和效果往往是观众最为关注的问题，而直接验证法正好可以解决这个问题，让观众更加放心地购买产品。

7.2 间接法：绕道答疑

7.2.1 间接否认法

间接否认法是指在直播带货过程中，面对观众的质疑或疑问，主播不做直接否定或反驳，而是给观众提出异议的机会，然后用真诚的语言从其他角度继续说明产品的优势，从而避免与观众起直接冲突。

弹幕1：××牌的包包都是智商税，空间没多大，但是特别贵。

弹幕2：就是，天天看见这包包引流，好像真不咋好用。

弹幕3：太贵了！谁买谁上当！

主播：谢谢几位哈，不管怎么说还是感谢你们对我们包包的关注！家人们，××牌的包包，定位上更像一个装饰品，在满足了基本的装东西这一功能后，更多的心思花在了外观设计上。接下来，我给大家介绍一下这款包包的3大设计亮点！

主播：大家仔细看这款包包的面料，其实这是××品牌使用延续了近半世纪的精湛匠艺，历时3年多自主研发的立体织锦面料。其上面的花纹特邀了中国新锐艺术家张××女士倾力设计，她以瑶池锦鲤为灵感，结合中国水墨丹青的特点，另加特殊透光纱，通过定位技术，使透光纱上的图案精准落于水草鱼身荷叶中，生动立体地呈现出了月下鱼池波光粼粼的效果。

弹幕4：花里胡哨的。

弹幕5：合着买的就是一个陪衬？

主播：家人们，现在都什么时代了，咱们的格局要打开一点，这款包包确实装不了太多东西，但是设想一下，又有谁出门会在手提包里放太多重物呢？咱们的观念要转变一下了，包包能装东西是一方面，但是能提升气质、拉高品位、展示自信也是很重要的一方面呀！

需要注意的是，当直播间里出现各种异议甚至是质问时，主播千万不要与相关的观众互相争论，否认某项事情，要侧面地、间接地、柔和地解答，不要影响正常观看直播的观众的观看体验。

另外，主播采用间接否认法处理问题，绝对不是逃避问题，主播不要避重就轻。

7.2.2 转化处理法

转化处理法是指主播在直播过程中遇到观众的质疑时，通过转移话题、调侃、自嘲等方式，巧妙化解矛盾，解决争议。

主播：直播间的各位家人们，刚才我们已经说了这款高跟鞋的特点，这款高跟鞋每双都采用了优质的皮革和工艺，能够给大家的脚部带来舒适和美观的双重享受。而××品牌的高跟鞋之所以受到全球时尚达人的追捧，是因为这个品牌从创立开始就充满着创新和激情。××品牌的创始人，来自……

弹幕1：您别说了，这故事我都听过无数遍了，说来说去都是那一套。

弹幕2：就是，搞个故事给品牌，其实就是为了卖高价！您这高跟鞋就因为品牌比别的贵了好几百，质量我看不见得有多好！

主播：家人们，别急。其实，类似的品牌故事多了去了，但是大家想想，是不是越有名、越有风格的品牌，这样的故事越多呢？这恰好证明了咱们品牌的品牌力呀！另外，咱们这款高跟鞋确实是比一般的高跟鞋贵，但这是价值决定的，也是这个品牌的时尚感所赋予的，不管大家怎么说，都无法否认这个品牌在鞋履设计这个领域的影响力吧。您买到的不仅仅是这一双高跟鞋，更是对这个品牌的认同，您买到的是一种高雅、一种气质、一种对美的极致追求！

主播运用转化处理法时，要谨慎选择转换点，要注意态度诚恳、语气真切，不要让观众觉得主播在故意抓话柄，钻他们的空子而感到有损于自尊。

另外，转化处理法有利于主播在直播带货中保持良好的形象和氛围，提高消费者的购买意愿和满意度，但也可能存在一些弊端，比如有可能忽视消费者的合法权益、损害消费者的知情权和选择权、降低直播带货的透明度和公信力。因此，主播在使用这种方法时，应该注意遵守法律法规，尊重消费者的合理诉求，不得利用转化处理法进行欺诈、误导或隐瞒等不正当行为。

7.2.3 借力打力法

借力打力，是一种非常有效的化解质疑的方法，具体来说，就是主播借观众、第三方、竞争对手的优势、方法、技巧、思路、思维方式、价值等，来帮助自己进行直播答疑。其核心在于顺势而为，"站在巨人的肩膀上打巨人"。

主播：直播间的各位家人们，旅行的意义不在于目的地，而在于沿途的风景！×××品牌拉杆箱已经开卖啦，就在4号链接，大家喜欢的话千万不要错过哦！

弹幕1：您这价格也太贵了吧，有点狠。

弹幕2：这拉杆箱我看质量也就一般，竟然要接近300元？我看还不如100多元的××品牌的呢！

弹幕3：就是，人家同样300多元的××的都支持指纹解锁，您这还是传统三位数密码，不太行吧！

……………

主播：×××姐，您也是直播间的老观众了，还不知道我吗？我什么时候骗过观众啊，我们卖货，赚钱肯定是赚的，但是绝对是卖和价值相当的好货！有人说我这拉杆箱价格贵，我承认，今天这拉杆箱确实就是这个价！我为什么敢这么说，×××品牌是大牌，大家可以去别的平台搜索一下，官方旗舰店的价格比我们直播间只高不低！这次是因为直播间和×××品牌达成了合作，才限量销售的！

主播：还有观众说密码锁的，这款拉杆箱确实只支持传统的三位数密码，而且×××品牌所有拉杆箱都是这种传统密码，有些观众可能不懂这是为什么，其实不是做不了指纹解锁等功能，真要做六位数密码的都可以安排上！不做是因为没有必要，大家用过拉杆箱的时候都知道，其实这种旅行拉杆箱，经常很久才用一两次，搞太复杂是没有必要的。而且箱子一般要么随身带要么放在房间里，被盗的可能性比较低，很贵重的物品也不会放在这种箱子里嘛！我这话是实在话，真正用过拉杆箱的都懂！

弹幕4：确实，指纹解锁还容易坏。

主播：当然我也不是说其他品牌做各种智能锁有什么不好，这是产品理念的问题，但是我可以向大家保证，×××品牌的这款拉杆箱，绝对可以满足绝大多数人的旅行需要！所以完全不用担心密码锁的问题。

弹幕5：仔细想一下，主播说得有道理！

主播使用借力打力的方法面对质疑时，要选择合适的内容，不适合使用的强行使用容易弄巧成拙。如果主播在直播过程中用其他品牌的拉杆箱做对比，陈述事实即可，不要刻意抹黑其他品牌，以免引起不必要的误会。

7.3 反问法：反问释疑

7.3.1 肯定型反问法

肯定型反问法通常是指使用反问来表达肯定的意思，它通过提出一个疑问句，表达肯定的意思。

这种反问方法通常用于表达强烈的肯定或否定意见，以及强烈的情感或态度，例如，"这怎么不是一个好东西呢？"。这里通过反问的形式来表达肯定的观点，从而使语气更加强烈，引起观众的重视和认同。

主播：亲爱的朋友们，我知道大家可能对这款产品有疑虑，这很正常。但我想问大家，你们难道不想要一个时尚又耐用的旅行箱，来提升你的生活质量和水平吗？

弹幕1：当然想啊！有谁不想呢！

主播：那你还犹豫什么呢？我给你们推荐的这款旅行箱正是你需要的！它好看、结实耐用，而且是最新款！

弹幕2：价格有点贵。

主播：我明白家人们的顾虑。但是，你考虑一下，这款旅行箱支撑你用五六年都完全没问题，你把价格平摊到每天才几毛钱！它给你带来的便利和快乐，难道不比几毛钱更重要吗？

弹幕3：那倒是真的。

肯定型反问法的效果很大程度上取决于说话者的语气和表情的表达。主播应该使用自信、肯定的语气，并配合相应的表情，以增强肯定反问的效果。

肯定型反问法可以给回答带来一定的强调和亮点，但过度使用可能让回答显得夸张或不自然。主播需要在适当的时候运用肯定型反问法，但应避免频繁使用，以免影响直播时与观众沟通的流畅性。

7.3.2 疑问型反问法

疑问型反问法通常是指用疑问句的形式来表达自己的观点、倾向、意见，以得到答案为目的，证明、推理、求证自己的看法的反问手法。

主播使用疑问型反问法可以引起观众的注意、激发观众的思考、增加自身说服力，同时表达自己的强烈感情、加强语气、表明自己的态度。例如，"你不觉得这样的穿搭很美、很酷、很有个性吗？"

主播：今天我要给大家介绍的是这款超级时尚的牛仔外套，它的设计、材质、工艺都是一流的，是你们的必备单品。

弹幕：这件外套看起来就很普通啊，一般般。

主播：哎呀，你们不觉得这件外套的颜色很醒目吗？它是时下的流行色！

主播：你们不觉得这件外套的细节很精致吗？它的裁剪很高级，五金用的都是高品质的金属！

主播在使用疑问型反问法时，不要过多使用疑问型反问，否则会显得咄咄逼人，不尊重直播间的观众。同时主播不要使用不恰当的语气，否则会引起观众的反感。主播不要使用没有答案或答案不明确的问题，否则无法体现反问效果，失去增强说服力的意义。

7.3.3 层递型反问法

层递型反问法通常是指用逐步递进加深的反问句来深入探讨一个话题或问题的反问手法。它的目的是引导对方思考，激发对方的兴趣，增强对方的认同感。

层递型反问法的内容和语气一般是由浅入深，由表及里，由简到繁，由轻到重，形成一个层层递进的结构。

主播：家人们，这款运动鞋的鞋底采用了先进的防滑材料，不管是晴天还是雨天，都能保证你的安全。你们觉得这款鞋好看吗？如果你们觉得好看，那你们想不想要？如果你们想要，那你们是不是应该赶紧动动小手领取直播间的优惠券呢？现在下单，就能领直播间主播专享优惠哦！只要×××元，还包邮！

主播应该根据不同的销售情境和目的，在层递型反问时选择最合适的反问词，避免使用过于强硬或过于软弱的反问词，以免引起直播间观众的反感。

主播应该根据观众的反应和情绪，灵活调整层递型反问的节奏和方向，避免过多或过深的反问，以免造成观众的厌烦或困惑。一般来说，反问的次数不宜超过三次，反问的深度不宜超过观众的认知水平。

7.4 语句示范：答疑经典语句

7.4.1 直接法经典语句

【经典语句1】
选择服装要精心，时尚品位不能轻。穿出自信与风采，搭配效果自然好！

【经典语句2】
服装搭配有技巧，时尚品位挡不住。时尚穿搭不迷茫，直播间里我教你！

【经典语句3】
穿衣打扮不求人，自己动手最放心。服装搭配有门道，跟着主播不会错！

7.4.2 间接法经典语句

📖 【经典语句1】
争议是难免的，但我始终相信，成功越做越多，真理越辩越明。有人看我带货如饮甘泉，有人视我为敌心生怨言，而我只愿，用真心换真情！

📖 【经典语句2】
观众在哪里质疑，我们就在哪里积极！疯狂直播，不为繁华名利，只为实打实的福利！疯狂与理智，皆在我心中。

📖 【经典语句3】
好产品自己会说话！良好的口碑和无数忠实的用户就是最好的证明！

📖 【经典语句4】
对比才能见差距，试过才有发言权。这款产品的优势和效果，只有亲自体验过的人才能明白。

📖 【经典语句5】
有人对我们的产品表示怀疑，事实胜于雄辩，让我们一起用数据和品质说话；有人对我们的代言人不满意，但请记住，实力和品质才是我们最坚强的后盾；有人说我们的价格太高，但我可以告诉大家，优质的产品和诚信的服务是无价的；有人说我是在炒作，但我认为，为消费者带来实惠才是我最关心的事情，请大家关注产品本身。

7.4.3　反问法经典语句

【经典语句1】

最新单品，×××高跟鞋，与时尚同步！难道你的鞋柜里不缺一双高跟鞋吗？

【经典语句2】

一件高品质的大衣穿两三年，一天不过几毛钱，这么划算你还要犹豫吗？

【经典语句3】

是不是经常对自己的身材没自信？是不是总是有身材焦虑？是不是找不到塑形效果满意的健身服装？

7.5　句式总结：答疑经典句式模板

7.5.1　直接法经典句式

1. 大家好，我非常认同大家对于时尚和美丽的追求，今天我想分享一些我对于穿衣搭配的心得和建议。在选择服装时，面料和舒适度是我最先考虑的因素。这款衣服采用了_____（棉含量）%的棉质面料，柔软舒适，透气性极佳。同时，经过_____（工序量）道工序的精细加工，每平方厘米面料拥有_____（透气孔数）个透气孔，让你穿着更加舒适，快来试试吧！

2. 这款帽子采用了_____材质，具有_____特点，适合搭配_____服装。我戴上这款帽子之后，感觉非常_____（效果罗列），不仅显得_____（效果罗列），而且_____（效果罗列）。

3. 今天我为大家介绍的是一款非常时尚舒适的_____（鞋子品牌名）鞋。这款鞋子采用了优质的_____（材料简称）材料，柔软舒适，贴合脚型，让你感受到无与伦比的穿着体验。它的设计简约时尚，适合各种场合穿着。如果你正在寻找一款高品质、舒适耐穿的鞋子，那么这款鞋子绝对是你的不二选择。快来试试吧！

7.5.2 间接法经典句式

1. 这位名叫_____（观众昵称）的观众说得其实有一定的道理！_____（服装/鞋帽/箱包具体名称）确实在_____（某项性能）方面还不够出色，这款产品主打的是_____（某项出众性能）与_____（某项出众性能）。选择一般的_____（服装/鞋帽/箱包），您买到的是低价格，是性价比，选择_____（直播推荐的服装/鞋帽/箱包），您选择的是高端、大气、上档次！

2. 恰恰就如您所说的，我们推荐的_____（直播推荐的服装/鞋帽/箱包）存在_____（某些方面）的问题，但是您想过没有，其实有些时候，换个角度看问题，所谓的"问题"就变成了"特点"！咱们推荐的这款_____（直播推荐的服装/鞋帽/箱包）虽然_____（存在某种特性），但若是您在_____（某些情况）的时候使用，这问题又变成了您生活中的助力，您说对吗？

3. _____（用户昵称）姐/哥，我理解您的心情，不管怎么说还是感谢您对我们_____（直播推荐的服装/鞋帽/箱包）的关注！咱们这款_____（直播推荐的服装/鞋帽/箱包）的核心卖点是_____（核心卖点），您说的_____（观众说的某些问题）问题，其实并不是这款_____（直播推荐的服装/鞋帽/箱包）本身的问题，而是由于_____（各种客观因素）等多方面的外在因素造成的哦！

7.5.3　反问法经典句式

1. 你们难道不想要_____（直播商品）？这是一个_____（卖点介绍）的_____（直播商品），这么_____（卖点强调）的_____（直播商品），难道你们要错过？

2. 家人们，你们不觉得这是_____（卖点介绍）的_____（直播商品）吗？你们没有注意到_____（卖点强调）吗？

3. 你是不是_____（与卖点相关的痛点）？你是不是_____（与卖点相关的痛点）？你是不是_____（与卖点相关的痛点）？那你们不下单还在等什么？

第 8 章

赞美三有：
有颜值，有气质，有衣品

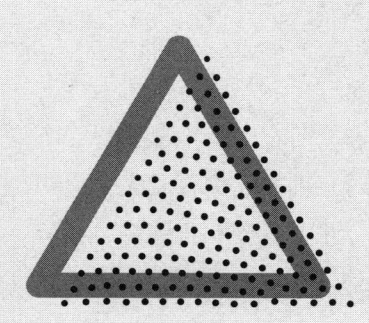

8.1 有颜值：非帅即美

8.1.1 赞美男士颜值

对于男性观众来说，赞美颜值可以根据男士的年龄、职业、风格等特点，选择合适的赞美词语。例如，想要赞美一位年轻的男士，主播可以用"帅气""酷""有范儿"等词语；想要赞美一位成熟的男士，主播可以用"英俊""优雅""有魅力"等词语；想要赞美一位老年的男士，主播可以用"潇洒""睿智""有品位"等词语。另外，主播需要结合产品，具体地赞美男士的颜值。示例如下。

主播：这件商务衬衫非常适合直播间里已经成年的男士们，其简约的设计和挺括的版型可以非常好地衬托出男士的绅士气质。

主播：这件印花衬衫的款式很有个性，很符合年轻男士的风格。穿上它，您就可以摆脱普通衬衫"枯燥""单一"的刻板印象，解锁"有个性""时尚"的全新气质。

主播：这件大衣的剪裁很有"锐利感"，似乎将男性脸上的沉稳与沧桑都缝进了衣服里，非常适合直播间年纪较大的男性朋友们。

主播要注意赞美男士颜值的时机和频率。主播不要在直播开始就一直夸奖男士，这会让直播间内的男性观众觉得主播太刻意、不真诚或者有所企图。主播要在合适的环节，适当地赞美男士，例如当男性观众明确表示对某件产品的喜欢之后，或者在他们给出了积极的反馈后。另外，主播不要过于夸张或者套路化地赞美男士，主播要用真诚和专业的语气，进行具体和恰当的赞美。

8.1.2 赞美女士颜值

在直播带货的过程中，女士是很重要且比较敏感的客户群体之一。女士往往喜欢听到别人的赞美，尤其是关于颜值的。因此，主播需要学会赞美女士的颜值，让她们感受到直播间的产品能够突出她们的美丽和魅力。

赞美女士颜值，需要选对形容词。例如，想要赞美一位年轻的女士，主播可以用"漂亮""甜美""有活力"等词语；想要赞美一位成熟的女士，主播可以用"美丽""迷人""性感"等词语；想要赞美一位老年的女士，主播可以用"端庄""大方""有韵味"等词语。另外，主播需要结合产品，具体地赞美女士的颜值。示例如下。

主播：这条粉色的裙子非常适合直播间里的小姐妹们，穿上它，姐妹们"秒变"小公主！

主播：这件外套走的是成熟路线，非常适合年纪偏大的姐姐、阿姨们穿，深紫的颜色深沉却不暗淡，穿上它，能彰显出您高贵、典雅的气质！

主播：这件羊毛衫，非常适合直播间里的老年女性朋友们，虽然岁月不着痕迹地爬上鬓角，但这羊毛衫百搭端庄，优雅纯净，仿佛将温婉的书卷气映照到了您的脸上。

主播要把握赞美女士颜值的频率和程度，不要过分夸张或者过于频繁，不要使用一些带有性暗示或者不尊重的语言，不要为了赞美而赞美，而要结合自己的产品或者服务来进行引导。

8.1.3 赞美老年人颜值

老年人是一个特殊的群体。老年人虽然年纪大了，但是他们也有自己的审美和品位，也喜欢听到别人对自己的赞美。

赞美老年人颜值，选对形容词很重要。例如，想要赞美一位男性老年人，主播可以用"潇洒""睿智""有品位"等词语；要赞美一位女性老年人，主播可以用"端庄""大方""有气质"等词语。

同时，赞美老年人颜值，需要结合产品，进行具体的赞美。示例如下。

主播：家人们，看看来到直播间的这位老爷爷，是直播间特意邀请的回头客，穿上我今天推荐的这款羽绒服，看起来多潇洒啊！老爷子虽然年纪大了，但是皮肤状态保持得很不错，最重要的是，这双眼睛，真是明亮又有神，妥妥的一位老绅士呀！咱们这款羽绒服的面料柔软舒适，保暖性能强，颜色也很适合老爷爷的气质，让他看起来更加睿智、有品位。这样的羽绒服，你们还等什么呢？快来下单吧，给自己、给长辈买一件，让他们在冬天也能感受到你们的温暖和爱意。

主播：家人们，这位老奶奶是今天的模特，她是我们一名后台员工的妈妈，平时就从我们直播间买衣服！老奶奶人老心不老，身体状态保持得很不错，脸颊红润，笑容温暖又慈祥。她穿上今天推荐的毛呢大衣，就像一位优雅的贵妇。

主播赞美老年人颜值时，要注意老年人的特点，比如他们的头发、皮肤、眼睛、身材等。主播要根据这些特点，选择恰当的词语进行赞美，例如说老年人的头发闪着银色的光芒，他们的皮肤上留下岁月的痕迹，他们的眼睛里闪着智慧的火花，他们匀称的身材是健康的象征等。另外，主播还可以结合老年人的生活经历和人生阅历，赞美他们的精神风貌和气质内涵。

8.2 有气质：优雅魅力

8.2.1 赞美男士穿搭气质

在直播带货过程中，主播赞美男士穿搭气质可以增加男性观众的自信心和满意度，让他们觉得自己的穿搭选择是正确的，符合自己的风格和品位，从而提高他们的购买意愿。同时，主播赞美男士穿搭气质还可以吸引更多的男性观众的注意力，让他们对主播推荐的产品产生好奇心，从而增加他们的观看时长和互动频率。下面通过两个情景来举例说明主播应如何赞美男士穿搭气质。

情景一：赞美男士商务穿搭

主播：家人们，今天我给大家带来了一款非常适合商务场合的男士穿搭，让各位男士在工作中既有气质又有风度。这款穿搭的主要特点是简约而不简单，颜色搭配和剪裁都非常精致，能够突出男士的身材和气质。让我们一起来看看吧。

主播：首先，我们要选择一件合身的白色衬衫，白色衬衫是商务穿搭的基础，它可以搭配任何颜色的西装和裤子，而且白色也能给人一种干净利落的感觉。这件衬衫的面料是纯棉的，非常舒适透气，不会让您在炎炎夏日感到闷热。

主播：接下来，我们要选择一件深蓝色的西装外套。深蓝色是一种非常稳重而又时尚的颜色，它可以与白色衬衫形成一个很好的对比，让您看起来更加有气场和魅力。这件西装外套的面料是羊毛的，非常保暖而又不厚重。它的剪裁也非常合体，能够修饰您的身材，让您看起来更加挺拔和精神。

主播：最后，我们要选择一条黑色的西裤。黑色是一种非常经典而又百搭的颜色，它可以与深蓝色的西装外套和白色的衬衫完美地搭配，形成一个简洁而又高级的色彩搭配，让您在任何场合都能够散发出一种自信和优雅的气质。

主播：好了，亲爱的观众们，这就是我今天给大家推荐的一款商务穿搭。我旁边的模特已经按照这个搭配换好了衣服，你们觉得怎么样呢？如果您也想拥有这样一款穿搭，让您在工作中更加出色和自信，那就赶快点击3号链接下单吧！

情景二：赞美男士休闲穿搭

主播：家人们，今天我给大家带来了一款非常适合休闲场合的男士穿搭，让您在闲暇时光中既有风度又有个性。这款穿搭的主要特点是活泼而不失品位，颜色搭配和款式都非常时尚，能够展现您的个性和魅力。让我们一起来看看吧。

主播：首先，我们要选择一件灰色的T恤。灰色是一种非常百搭而又不失个性的颜色，它可以与任何颜色的外套和裤子搭配，而且灰色也能给人一种低调而有内涵的感觉。这件T恤的图案是一只可爱的小熊，非常有趣而又有亲和力，能够增加您的幽默感和亲切感。

主播：接下来，我们要选择一件黑色的牛仔外套。黑色是一种非常百搭且不会过时的颜色，配合优质牛仔布面料和一些破洞与刺绣设计，可以非常好地彰显时尚感。

主播：最后，我们要选择一条黑色的休闲裤。它可以与黑色的牛仔外套完美呼应，形成简洁而又休闲的搭配，更好地散发您的自信与帅气！

主播：家人们，看看我身边的模特，他已经按照主播说的穿搭换好了衣服。哇！模特还是那个模特，气质却发生了天翻地覆的改变！

8.2.2 赞美女士穿搭气质

在直播带货过程中，主播真诚而恰当地对女士穿搭气质进行赞美，可以拉近与观众的距离，提高观众的参与度，同时也可以为推销产品营造良好的氛围，促进销售转化率的提升。下面通过两个情景来举例说明如何赞美女士穿搭气质。

情景一：赞美女士职场穿搭

主播：家人们，今天我们的直播间邀请了一位经常看我们直播的女性观众，她是一名职业经理人。大家看，这位姐姐的穿搭非常干练得体，一看就是职场精英！

主播：大家注意看，这位姐姐选择了一件黑色的西装外套。这件西装外套在设计上比普通的外套更加大胆，在主体为黑色的情况下，还有红色和蓝色的线条在腰部点缀，在更衬腰线的同时，把整体的严肃感稍微拉低了一下，让这位姐姐显得不那么"拒人于千里之外"，再搭配简约的白色衬衫和黑色的长裤，使人看起来既具优雅气质，又显专业素养。

主播：接下来，我要推荐一款适合职场女性的鞋子。这款鞋子采用高跟设计，能够拉长腿部线条，让整个人看起来更加高挑。

情景二：赞美女士居家穿搭

主播：家人们，我今天要给大家推荐一套居家穿搭，相信我，穿上这套，能让人一眼看出您是一个懂得享受生活的人。

主播：大家注意看模特，我们这套穿搭的上身是一件针织外套，宽松得体，不仅舒适，还非常时尚。里面配上一件简洁的白色T恤，不仅显得干净利落，还能凸显出您的气质。下面特意配一条宽松的喇叭牛仔裤，不紧身、不勒腿，主打一个舒适，又有不错的时尚感！最后，鞋子也是简单的白色平底板鞋，走起路来不硌脚、不吃力！

主播：这套穿搭不仅舒适时尚，还非常实用。无论您是在家中休息，还是在小区里散步，或者是在超市购物，穿上这套衣服都能让您感到舒适自在。

主播：如果您想让自己的居家生活更加舒适的同时不落伍，那么请不要犹豫了，快来选购我们的居家穿搭吧！

8.2.3　赞美老年人穿搭气质

赞美老年人穿搭气质，可以拉近主播与观众的距离，让观众感受到主播的亲和力。如果主播能够将产品与老年人的穿搭需求相结合，让老年观众意识到这款产品能够提升他们的形象和气质，那么他们就更容易产生购买欲望。下面通过两个情景来举例说明如何赞美老年人穿搭气质。

情景一：赞美男性老年人穿搭

主播：家人们，今天我们直播间来了一位精神矍铄的男性老者，他的穿搭非常有气质，让我们一起来欣赏一下吧！

主播：这位老者选择了一件经典的白色衬衫，搭配了一条深色的裤子，这样的搭配显得非常大方得体。而且，他的鞋子也非常整洁干净，可以看出他非常注重细节。

主播：老人的背脊挺直，走路稳健，这不仅是因为他年轻时坚持锻炼，更是因为他的内心充满自信和从容。他的穿搭给人一种沉稳、自信的感觉，让人不由得想向他学习。

情景二：赞美女性老年人穿搭

主播：家人们，今天我们直播间来了一位非常时尚的女性老者，她的穿搭非常有品位，让我们一起来欣赏一下吧！

主播：这位老者选择了一件时髦的外套，搭配了一条修身的裤子，这样的搭配显得她非常时尚和有型。而且，她还搭配了一双亮色的鞋子，让整个造型更加出彩。

主播：老人的妆容精致、手袋时尚，这不仅是因为她热爱生活，更是因为她的内心充满自信。她的穿搭透露出一种不服老的自信心态，让人心生敬佩。

8.3 有衣品：品位时尚

8.3.1 赞美男士的衣品好

在直播带货中，主播将赞美男士衣品好与带货的产品相结合，是一种有效的吸引顾客和提高转化率的方法。

赞美之前，主播需要做一些事前准备。主播要了解目标客户的年龄、职业、喜好等，选择适合他们的产品，然后根据产品的特点，如颜色、材质、款式等，给出合理的搭配建议和穿着场合。示例如下。

主播：您好，欢迎来到我的直播间，我是您的主播小雅。今天我给大家带来了一些男士的时尚单品，希望你们喜欢。

主播：这件是我们今天的爆款，是一件黑色的皮夹克，非常酷和帅气。你们看，这件皮夹克的剪裁非常合身，可以很好地修饰身材，显得人肩宽腰细。而且，这件皮夹克的材质非常柔软，穿起来非常舒适，不会有不透气的感觉。这件皮夹克的颜色也非常百搭，无论是搭配牛仔裤、休闲裤还是西裤，都可以展现出不同的风格。这件皮夹克非常适合秋冬季节，无论你是出门约会、上班还是聚会，都可以穿出自己的个性和魅力。

主播：我看到我们直播间里有很多帅哥，相信你们的衣品都非常好。我想，你们穿上这件皮夹克，一定会更加帅气和迷人！如果你们喜欢这件皮夹克，就赶快下单吧，我们现在有限时优惠，而且包邮哦。这么好的机会，你们千万不要错过哦！

需要注意的是，主播赞美男士衣品的时候，不要使用过于随意或者亲昵的称呼，如"宝贝"等，这种昵称可能让男士感到不舒服或者反感。另外，主播要注意不要使用歧视性、贬低性的语言，如"我看你们男士都不会搭配衣服"，这些语言可能伤害男士的自尊，从而引起他们的反感。

8.3.2 赞美女士的衣品好

在直播带货中，主播将赞美女士衣品好与带货的产品相结合，是一种有效的促销技巧。

赞美女士衣品好，可以增加女士的自信心，让她们更愿意尝试新的服装搭

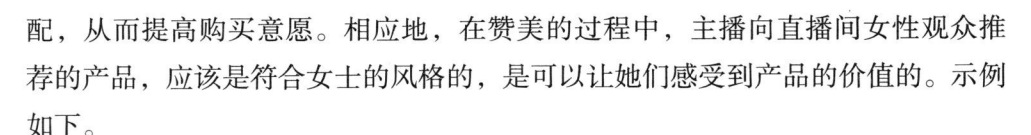

配，从而提高购买意愿。相应地，在赞美的过程中，主播向直播间女性观众推荐的产品，应该是符合女士的风格的，是可以让她们感受到产品的价值的。示例如下。

主播：姐妹们！今天我给大家带来了一款非常时尚的连衣裙，它的颜色是淡粉色的，非常适合春季的气氛。它的面料是纯棉的，非常柔软舒适，不会让您觉得闷热。这款连衣裙的特点是它的腰部有一个可调节的蝴蝶结，可以根据您的身材来调节，让您的腰线更加突出，显得更加苗条！这款连衣裙的长度是到膝盖的，一点也不挑鞋子，不管是搭配平底鞋还是高跟鞋，都很好看！

主播：我知道，看我直播的女性观众很多，你们从万千直播间中选择了我，这足以证明你们的眼光！你们的衣品也绝不会差！你们平时喜欢什么样的风格呢？是甜美的、简约的，还是酷酷的呢？不管你们喜欢什么样的风格，我这都有！

主播：像刚才这件连衣裙，走的是甜美风。我觉得这款连衣裙非常适合我，因为它可以突出我的优点，让我看起来更加可爱。我知道直播间的姐妹们气质各不相同，有的甜美、有的清纯、有的干练、有的成熟、有的性感，但是不管您是什么风格，关注我，直播间里的衣服随便选！我相信你们的衣品，你们也请相信我的推荐！

主播赞美女士衣品好，要注意措辞，要真诚，不要让观众觉得你是在奉承或是在敷衍她。主播推荐产品时，要注意对其进行详细介绍，不要一味赞美，忘记重点，让人听得乏味甚至反感。

8.3.3 赞美老年人的衣品好

主播直播带货中将赞美老年人衣品与带货的产品相结合，是一种有效的吸引老年消费者的方式。

赞美之前，主播要先了解老年人的需求和喜好，选择适合他们的产品，如拥有舒适、保暖、耐穿、不易褪色等特点的服装。主播可以从他们的气质、风格、搭配等方面入手，给予他们正面的反馈和肯定，增加他们的自信和对直播间的好感。另外，对于老年观众，主播可以提供一些额外的服务或优惠，如包邮、免费退换货、送赠品等，增加老年人的信任感和满意度，促进成交。示例如下。

主播：这位叫"家和万事兴"的观众，欢迎您来到我的直播间，我是小王。我看您的头像显示您穿着一件蓝色的衬衫，看起来非常有风度，您的衣品真的很好！

主播：既然来了，听听小王的介绍好不好？今天我给大家带来了一款非常适合老年人的羊毛衫，它的面料是纯羊毛的，柔软舒适，保暖性能非常好，而且不起球、不掉色，非常耐穿。

主播：这款羊毛衫的款式也很合身，不会显得臃肿。它的领口是圆领的，很适合老年人，既不会太紧，也不会太松，刚刚好。它的袖口和下摆都有一些花纹的设计，很有特色，也很有层次感，不会显得单调。

主播：这款羊毛衫的原价是2××元，现在在我的直播间，只要1××元，还包邮哦，这是非常划算的价格，您不要错过这个机会。而且，只要您在今天下单，您就可以获得一条我们精心准备的围巾，它的颜色和这款羊毛衫非常搭配，可以给您的冬天增添一些温暖和色彩。

主播：对了，大家也可以把直播间分享给您的亲朋好友，让他们也来看看。接下来我还会给大家带来更多适合老年人的服装，敬请期待。

主播在介绍产品的过程中赞美老年人的衣品，要注意不要使用过于专业或复杂的表达，如"这款羊毛衫的纤维强度是……""这款羊毛衫的克重是……""这款羊毛衫的工艺是……"等，以免让老年人感到困惑。

同时，主播不要使用过于时尚或流行的表达，如"这款羊毛衫很ins""这款羊毛衫很潮""这款羊毛衫很有范儿"等，以免让老年人感到不适应。

另外，主播还要注意不要使用过于强势或催促的表达，如"快点下单吧""不要犹豫了"等，以免让老年人感到有压力或不顺心。

8.4 语句示范：赞美的经典语句

8.4.1 赞美颜值的经典语句

【经典语句1】

您真好看，我不是在夸您，我只是在提醒穿上这件衣服后的您。

【经典语句2】

唇红齿白貌倾城，美丽动人不可言。
美丽动人赛西施，倾国倾城更迷离。

【经典语句3】

姐姐/哥哥/兄弟/姐妹/大叔的颜值，我实名羡慕了！

【经典语句4】

您真是人见人爱，花见花开，车见车载，啤酒见了都开盖！

【经典语句5】

都是第一次做人，凭什么您这么美/帅！没遇到您之前我觉得别人很美，遇到您之后我才发现她们仅仅是漂亮而已！

8.4.2 赞美气质的经典语句

【经典语句1】

钻石与皮革结盟所散发出的熠熠光辉，诠释了您对时尚与高贵的完美演绎。

【经典语句2】

一幅用色大胆、线条优美的画，形容的是这条裙，也形容的是穿上这条裙的您。

【经典语句3】

一块稀有的宝石，无论在哪里都熠熠生辉，令人无法移目。这是您的气质，也点缀着这款包包。

【经典语句4】

×××女装，从内而外一点点雕琢，塑造自信、美丽、智慧如您的女人。

【经典语句5】

我想您的气质该是一种难得的和谐，不论在什么环境中，您都能与周围的人和事相处得很好。一如这双波澜不惊的高跟鞋。

8.4.3 赞美衣品的经典语句

【经典语句1】

×××风格的所有优点，现在都被您集于一身！

【经典语句2】

您对服饰的挑选和搭配有着独到的眼光,我除了给您点赞,无法做任何事。

【经典语句3】

看着您挑选的这一身潮装,我仿佛看见了一期时尚杂志的封面。

【经典语句4】

就像一位艺术家的画笔,将色彩与线条完美地在您身上勾勒出来,展现出独特的风格和品位。

【经典语句5】

不管是质感还是细节都很考究,不管是风格还是尺寸都很合身,不管是图案还是设计都很新潮,不管是色彩还是剪裁都很夺人,不管是风格还是配饰都很恰当,不管是材质还是工艺都很高级,不管是搭配还是变化都很时尚。

8.5 句式总结:赞美的经典句式模板

8.5.1 赞美颜值的经典句式

1. 做直播这么多年,像您这样上镜的观众我还是头一次见。非常感谢您来到_____(直播间),既然来了,那么就现场挑选一套服装我们给您做做造型吧!

2. 这位名叫_____(观众昵称)的观众,名字取得这么好听,长得肯定也非常好看吧!那么您更加需要我们今天推荐的_____(直播推荐的服装/鞋帽/箱包）了。人靠衣裳马靠鞍，这件/款/个_____（直播推荐的服装/鞋帽/箱包）肯定能让您本就优秀的颜值更上一层楼！

3. 我这边能看到大家的头像，注意到很多家人都用自己的照片做头像。不得不说，咱们直播间的观众，颜值就是高，一眼瞅去，全是帅哥美女！既然这样，帅哥们、美女们，_____（直播推荐的服装/鞋帽/箱包）来一件/双/个呗！

8.5.2 赞美气质的经典句式

1. 这位昵称叫作_____（观众昵称）的家人，看您昵称，您应该是一位男士吧，那您一定要试试咱们_____（直播间简称）直播间推荐的衣服哦。无论是正装还是休闲装，在这里，您都能找到可以穿出独特的个人风格的款式。比如这套_____（某种风格的衣服）风的衣服，搭配得恰到好处，既不过于张扬也不过于保守，可以完美地展现您的品位和修养！

2. 咱们这款_____（服装品牌）的_____（服装类型）非常适合_____（女士年龄段）年龄段的女士哦，因为这款_____（服装类型）主打的就是_____（穿衣风格），可以让您在_____（生活场景）等场景下显得和谐且融洽，既_____（某种好处）又_____（某种好处）。

3. 我知道了，这位叫作_____（观众昵称）的家人想给家里老人买衣服是吧！放心好了，我来帮您挑！您看这件_____（服装类型）怎么样，这件_____（服装类型）采用了传统的_____（设计风格），显得_____（服装气质类型），非常适合_____领导型/慈爱型/活泼型的老人！

8.5.3 赞美衣品的经典句式

1. 您选这款_____（直播推荐的服装/鞋帽/箱包）就对了，这款_____（直播推荐的服装/鞋帽/箱包）可以起到非常好的_____衬托/修饰/修身/强调/

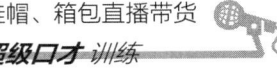

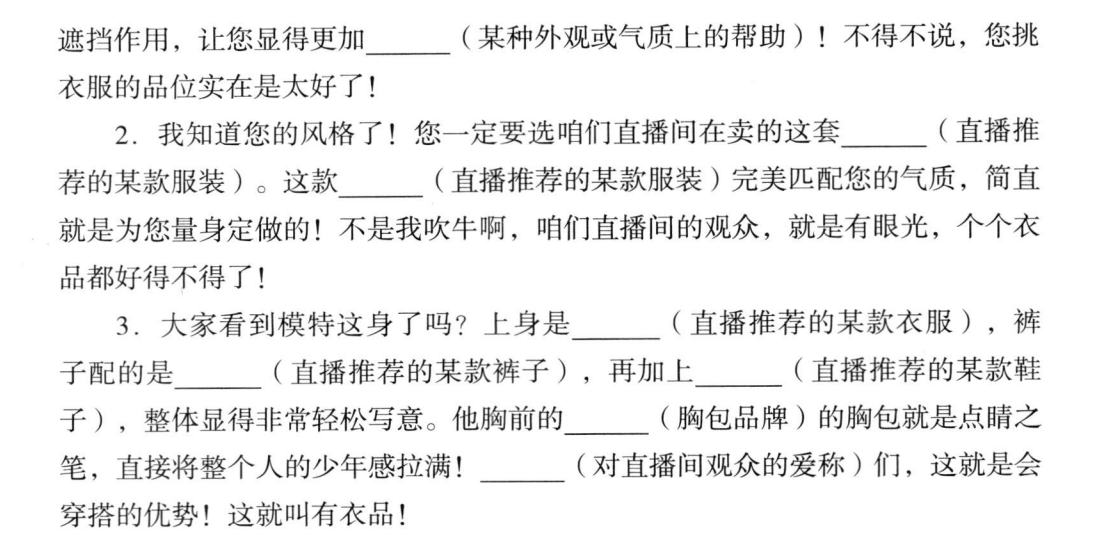

遮挡作用，让您显得更加_____（某种外观或气质上的帮助）！不得不说，您挑衣服的品位实在是太好了！

2. 我知道您的风格了！您一定要选咱们直播间在卖的这套_____（直播推荐的某款服装）。这款_____（直播推荐的某款服装）完美匹配您的气质，简直就是为您量身定做的！不是我吹牛啊，咱们直播间的观众，就是有眼光，个个衣品都好得不得了！

3. 大家看到模特这身了吗？上身是_____（直播推荐的某款衣服），裤子配的是_____（直播推荐的某款裤子），再加上_____（直播推荐的某款鞋子），整体显得非常轻松写意。他胸前的_____（胸包品牌）的胸包就是点睛之笔，直接将整个人的少年感拉满！_____（对直播间观众的爱称）们，这就是会穿搭的优势！这就叫有衣品！

第 9 章

催单三对：
时机对，方式对，节奏对

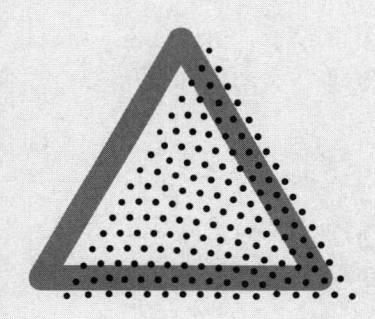

9.1 时机对：选对时机

9.1.1 观众询问我们价格的时机

在直播带货过程中，主播经常会遇到观众对产品价格感兴趣的情况，这时候，主播应该如何回答呢？其实，不同的阶段，主播可以采用不同的策略，来达到催单的效果。

1. 直播开场时被询问

这个阶段，主播的目的是吸引观众的注意力，让观众对产品感兴趣，所以，主播可以先不直接回答价格，而是先介绍产品的特点和优势，比如品牌、款式、质量、功能等。然后，主播可以适当地制造一些悬念。示例如下。

主播：这件衣服的价格，你们猜猜看是多少呢？是500元吗，是300元吗，还是200元呢？其实，它的价格，远远低于你们的想象，只要×××元。

上述示例中让观众猜的做法，可以激发观众的好奇心，让他们更加关注产品。

2. 直播进行时被询问

这个阶段，主播的目的是增加观众的信任感，让观众对产品满意，所以，主播可以直接回答价格，但是要注意，不要只说一个数字，而要配合一些语气词和情感词。示例如下。

主播：这双鞋的价格，你们一定很想知道吧？好，我就告诉你们，它的价格，只要××元！是不是很划算？是不是很惊喜？这可是我们今天的特价商品，只有前100名下单的观众，才能享受这个优惠哦！你们还在等什么呢？快点下单吧！

上述示例中，主播直接告诉了观众价格，但是还增加了许多辅助性描述，这可以增加观众的购买欲，让他们觉得买到的产品物超所值。

3．直播将结束被询问

这个阶段，主播的目的是促进观众做决策，让他们尽快下单。所以，主播可以重复强调价格，但是要注意，不要只说一个数字，而是要配合一些催促词和警示词。示例如下。

主播：这个包的价格，你们都知道了吧？只要×××元！只要×××元！这可是我们今天的限量商品，库存只剩500个了！一旦卖完，就没有了哦！你们还在犹豫什么呢？赶紧下单吧！错过了这个机会，你们会后悔的！

上述示例中，主播通过库存介绍，制造了一些紧迫感，让观众觉得不是买到的而是"抢到"的。

9.1.2　观众询问我们数量的时机

在直播带货过程中，观众往往会关注产品的数量，主播对与产品数量相关问题的回复，需要分情况进行。

1．产品数量充足时被询问

当产品数量充足时，主播可以放心地告诉观众数量，大胆地刺激观众的购买欲望，让他们觉得不用担心抢不到货。示例如下。

主播：家人们，今天我给大家带来的这款包包，前期是我亲自挑选的，质量非常好，价格也非常实惠，而且数量很充足，不用担心断货哦。你们看，这款包包的设计非常时尚，收纳能力超强，无论是送给自己还是送给亲友，都是非常合适的选择。现在下单的话，还有优惠券可以领取，真的是非常划算。赶紧下手吧，不要错过这个好机会哦。

2．产品数量有限时被询问

当产品数量有限时，主播可以利用产品的稀缺性，增加观众的紧迫感，让他们觉得要抓紧时间下单，否则就会错过机会。示例如下。

主播：各位兄弟姐妹，今天我给大家推荐的这款潮鞋，卖得实在是太好了，是我们直播间本月销量最高的单品，关键是这款鞋线下真的很难买到！目前直播间能提供的数量也非常有限了，只有几百双了，一旦卖完就没有了哦。喜欢的家人们抓紧下单，不要再犹豫了！

3. 产品数量不确定时被询问

当产品数量不确定时，主播可以先询问后台的库存情况，然后根据实际情况，给观众一个大概的数字，同时也可以暗示观众，产品的数量会随时变化，让他们感觉到不确定性，从而激发他们的购买行为。示例如下。

主播：家人们，这件连衣裙刚才已经介绍过了，是我们上个月的爆款，这个月也是临时调的货，目前还剩多少我也不太清楚，稍等我先问一下后台，看看还有多少件。好的，后台告诉我，现在还有不到300件，不过这个数字会随时变化，因为很多人都在下单，所以你们要抓紧时间。上个月卖得好，这个月我看大家的热情依旧很高！尤其是上次错过的家人们，千万不要再错失了！

9.1.3 观众询问我们物流的时机

在直播带货中，物流也是观众比较在意的一件事情，有的观众只看物流速度，还有的观众在意退换货的物流事宜。

1. 观众询问物流公司

在这种情形下，主播可以根据自己合作的物流公司的情况，给观众一个明确的答复，同时也可以介绍一下物流公司的优势，比如服务质量、安全性、覆盖范围等，增加观众的信任感和满意度。示例如下。

主播：我看到有些朋友问我，我们合作的物流公司是哪家，我统一回复一下。咱们直播间都是通过××发货的。这是一家非常有实力的物流公司，运输速度和效果都很有保障。他们家的物流网络覆盖全国各地，无论您在哪里，都可以收到我们的产品。所以,你们可以放心地下单,我们会尽快给你们发货,让你们早日享受到买到的宝贝。

2. 观众询问物流速度

在这种情形下,主播可以根据直播后台的运营数据,给观众回复一个大概的预计到达时间,同时也可以提醒观众,物流速度可能受到一些因素的影响,比如天气、节假日、地区等,让观众有一个合理的期待,也可以减少观众的投诉和退货。示例如下。

主播:家人们,我们家使用的是××物流,速度很快的。一般情况下,我们会在你们下单后的24小时内给你们发货,非偏远地区1~2天就可以送达。当然,这也要看具体的情况,比如受天气、节假日、地区等原因影响,可能有一些延迟,但是我们会尽量缩短物流时间,让你们尽快收到产品。

3. 观众询问退换货物流安排

在这种情形下,主播可以根据直播间的退换货政策,给观众一个清晰的说明,同时也可以强调一下自己的产品的质量和效果,让观众感觉到自己的产品是值得信赖的,也可以减少观众的退换货。示例如下。

主播:家人们,咱们家的箱子都是经过严格的质量检测的,质量也是经过多次的验证的。我们对我们的箱子是非常有信心的,所以,我们相信你们收到我们的产品后,一定会满意的!但是,如果你们真的遇到了一些特殊的情况,想要退换货,我们也是可以接受的。我们的退换货政策是非常简单的,非人为原因造成的质量问题,我们是提供7天内无忧退换的,支持快递上门取件,不需要您承担任何费用,非常方便快捷。另外,我们退换货全都发××物流,相关App上一键可查物流信息,是非常人性化的。

9.2 方式对：选好方式

9.2.1 情景51：正面催单

【痛点痒点这样抓】

1. 担心质量不好：这款牛仔裤是不是真的修身啊？会不会穿了一段时间就松了啊？这个面料是不是很硬啊？会不会不舒服啊？

2. 担心尺码不合适：我平时穿30码的，这个要不要买大一码啊？会不会太紧了啊？

3. 担心价格不划算：这款牛仔裤多少钱啊？有没有优惠券啊？有没有更便宜的啊？

某男士服饰直播间正在进行特卖大促活动，活动刚刚开场，主播小李拿着一款男士修身牛仔裤准备向观众做进一步介绍。牛仔裤是很多男士都会买的服装单品，小李为了激发直播间的人气，带动直播间的销量，决定开展正面催单活动，直接、正面地催促观众尽快下单。

【应答问题这样想】

1. 观众担心质量不好怎么办？

担心牛仔裤质量不好的观众，比较关注牛仔裤的修身效果和面料舒适度，主播应结合牛仔裤的设计特点，着重强调牛仔裤的材质、外观等内容。

2. 观众担心尺码不合适怎么办？

担心牛仔裤尺码不合适的观众，比较关注牛仔裤的版型，并且可能是偏胖或偏瘦的身材，主播应结合自己的身材和穿着感受，着重介绍一下牛仔裤的尺码选择和调节方法，并强调退换货的便捷性。

第 9 章 ▶ 催单三对：时机对，方式对，节奏对

3．观众担心价格不划算怎么办？

担心牛仔裤价格不划算的观众，比较关注牛仔裤的优惠力度，主播应结合牛仔裤的品牌和质量，着重说明一下牛仔裤的性价比和折扣幅度，并强调限时抢购的紧迫性。

【互动催单这样讲】

1．观众担心质量不好怎么做？

弹幕1：这款牛仔裤是不是真的修身啊？会不会穿了一段时间就松了啊？

主播：这款牛仔裤采用了简约修身设计，面料也是微弹的，能够紧贴您的身材，展现您的曲线，而且不会变形、不会松垮，穿多久都能保持原来的效果！喜欢的家人们，随时可以下单哦！6号链接直达宝贝！

弹幕2：这个面料是不是很硬啊？会不会不舒服啊？

主播：这个面料是高端的牛仔面料，亲肤、透气、挺括，不会让您觉得不舒服哦！不知道大家注意到没有，很多明星也都在穿同款牛仔裤哦，这是实打实的明星同款！锁定6号链接！已经有不少家人下单了，还在犹豫的家人们，别纠结啦！

2．观众担心尺码不合适怎么做？

弹幕：我平时穿30码的，这个要不要买大一码啊？会不会太紧了啊？

主播：这款牛仔裤的版型是修身的，但不是紧身的，它是有一定的松紧度的，所以您平时穿什么码就买什么码就可以了，不用特意买大一码或者小一码，它会很合身的！如果您还是不确定自己的尺码，您可以参考一下我们的尺寸表。我们的尺寸表是按照实际的测量数据来制作的，非常准确，您只要按照您的身高和体重来选择就可以了！

主播：另外，如果您收到货后发现尺码不合适，也不用担心，我们支持7天无理由退换货，您只要联系我们的客服，我们会给您安排退换货的流程，非常快捷和方便！

3．观众担心价格不划算怎么做？

弹幕：这款牛仔裤多少钱啊？有没有优惠券啊？有没有更便宜的啊？

主播：这款牛仔裤的原价是×××元，但是今天我们的直播间有特卖大促活

动，只要您在直播间下单，就可以享受7折的优惠，只要×××元就可以买到这款牛仔裤，这个价格是非常划算的！

主播：而且我们还有优惠券可以领取，您只需要点一下关注，就可以在直播间的右下角领到一张20元的券，这款牛仔裤只要×××元，比原价整整便宜了×××元，这个优惠力度是非常大的！点击6号链接，优惠拿回家！

…………

⚠【关键过错不要犯】

1. 主播在介绍牛仔裤的时候，要记得穿插着进行催单，不要只在最后才催单，要学会控制节奏，要懂得不断地刺激观众的购买欲望。

2. 每次催单后主播要及时提醒观众下单的方式和步骤，不要让观众错过下单的机会，要强调直播间下单的优惠和便利。

3. 直播间的优惠福利要真实有效，主播不要轻易许诺，一旦说出口，就要兑现，不能欺骗观众。

9.2.2　情景52：反面催单

【痛点痒点这样抓】

1. 担心款式不好看：只有高帮的吗？有没有低帮的？腿短穿这个款式会不会难看？

2. 担心质量不好：这种板鞋是不是很容易磨损啊？什么材质的啊？能穿多久？

3. 担心价格不合理：怎么那么贵啊？我看别家差不多的便宜不少呢！

某鞋类直播间正在热卖一款高帮板鞋，观众问题很多，但是销量却不见增长。主播小张为了激发直播间的人气，带动直播间的销量，决定使用反面催单技巧，间接、侧面地催促观众下单。

第9章 ▶ 催单三对：时机对，方式对，节奏对

🖥【应答问题这样想】

1. 观众担心款式不好看怎么办？

担心高帮板鞋款式不好看的观众，可能没有尝试过高帮的鞋子，或者对于自己的腿型不自信，主播应结合高帮板鞋的流行趋势，着重强调高帮板鞋的个性和风格。

2. 观众担心质量不好怎么办？

担心高帮板鞋质量不好的观众，买鞋更加看重实用性，主播应结合高帮板鞋的材质和工艺，着重强调高帮板鞋的耐磨和柔软。

3. 观众担心价格不合理怎么办？

有些观众觉得鞋子价格不合理，说明他们更加在意性价比，同时，这也是观众要求主播送福利的暗示。主播应结合高帮板鞋的品牌和质量，着重说明高帮板鞋的品质，并适时给出一些优惠。

💬【互动催单这样讲】

1. 观众担心款式不好看怎么做？

弹幕1：主播，这款鞋子只有高帮的吗？有没有低帮的？

主播：家人们，目前这款鞋只有高帮的哦，高帮的其实比低帮的更有设计感哦。这款鞋的颜色和图案都是非常有个性和特色的，它能够让您的整体造型更加有魅力！家人们要是穿惯了低帮，偶尔来款高帮，换个风格，可能整个人都不一样了哦！

弹幕2：我腿比较短，穿这个款式会不会难看？

主播：我看有家人担心腿短上脚不好看，其实完全不会有这个问题，只要您搭配得当，也能穿出不一样的效果哦！您看我们模特的展示，其实模特的腿并不算长，但是这款鞋搭配模特身上的牛仔裤和潮流外套，让她看起来依旧非常有型！

2. 观众担心质量不好怎么做？

弹幕1：这种板鞋是不是很容易磨损啊？

弹幕2：什么材质的啊？能穿多久？

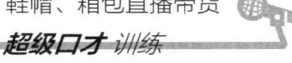

主播：家人们，这款高帮板鞋的质量是非常好的，鞋面采用的是优质合成革，舒适柔软，防污易清洗；鞋垫用的是聚氨酯材质，有很好的缓震性能；鞋底也使用了非常耐磨的橡胶材质，整体缝制和黏合得非常精细与牢固，不脱胶不开线，既时尚又耐用！

主播：这么好的鞋子，低于×××元，真没几个人会卖！

3．观众担心价格不合理怎么做？

弹幕：怎么那么贵啊？我看别家便宜了接近100元呢！

主播：家人们，贵有贵的道理，这款鞋再便宜100元，这个价格我们真的给不到。如果您实在是更加青睐友商更便宜的产品，我们也尊重您的选择，但是请您记住，一分钱一分货，成本摆在这儿，不存在很特别的渠道，因此，所有直播间能给到的优惠都是差不多的，这其中的差价，就差在做工、差在质量、差在设计、差在品位上！

…………

【关键过错不要犯】

1．主播从反面进行催单，不是让主播站在观众的对立面，而是要求主播以退为进，把底线提前告诉观众。主播千万不要与观众对立，甚至与观众发生争吵。

2．若观众提及友商或竞品，主播不要对友商或竞品进行评价，切忌踩一捧一，贬低竞争对手。

3．主播进行反面催单时，可以与观众开开玩笑，或者故意"顶顶嘴"，但千万不要"阴阳怪气"，要把握说话的语气，不能让观众感到不适。

9.2.3 情景53：进度催单

【痛点痒点这样抓】

1．询问活动所剩时间：活动持续多长时间？活动啥时候结束？还有几分钟？

　　2．询问产品所剩数量：包包还有多少个啊？我能拍5个吗？晚点来能抢到吗？

　　3．担心收纳空间不够：内部空间大不大啊？能装下平板电脑不？能装下课本吗？

　　某箱包直播间正在进行限时秒杀活动，活动时间只有一个小时，主播小杰拿着一款品牌男士胸包准备向观众做进一步介绍。其间，许多观众对限时秒杀活动的时间以及胸包的数量提出了问题，主播小杰也根据活动的进度，进行了细致的回复与说明。

【应答问题这样想】

　　1．观众询问活动所剩时间怎么办？

　　观众询问活动所剩时间，说明观众有下单欲望，但是因为各种原因，想要继续观望。主播要抓住男士胸包的"价格低""优惠多""数量少"这些要点进行介绍，尽可能地使他们立刻下单。

　　2．观众询问产品所剩数量怎么办？

　　观众询问所剩数量，有几种可能，如多数量的购买需求，担心抢不到，或是担心剩下的胸包为残次品，主播要做出"胸包数量随着观众下单正在逐渐减少"的意思表示，促使观众尽快下单。

　　3．观众担心收纳空间不够怎么办？

　　收纳是胸包的重要功能。观众既然担心收纳功能，主播可通过现场演示，展现胸包的收纳能力，打消观众的疑虑。

【互动催单这样讲】

　　1．观众询问活动所剩时间怎么做？

　　弹幕1：活动开始了？持续多久啊？

　　弹幕2：啥时候结束？

　　主播：是的家人们，限时秒杀活动已经开始啦！活动仅持续40分钟，40分钟一到，活动立即结束。后台已经设好程序，人工无法干预，想要这款潮流胸包的家人们，抓紧了！

主播：目前已经开始了快10分钟了，按照40分钟的标准，活动会在今晚八点四十分准时结束哦！

…………

弹幕3：还有几分钟？

主播：家人们，又过去20分钟了，目前只剩10分钟了！但是家人们也别着急，10分钟您去吃个饭什么的可能不够，但是下单买个喜欢的胸包，绰绰有余！

2. 观众询问产品所剩数量怎么做？

弹幕1：数量还多吗？不会抢完发不了货吧？

主播：家人们，目前库存还比较充足哦，不会发生下单后无法发货的情况，但需要注意的是，秒杀活动已经进行了20多分钟了，仓库里胸包的数量确实也是一直在减少！咱们的活动规则是限时秒杀40分钟，但是库存要是清空了，活动也会立即停止！还在犹豫的家人们，再晚真有可能买不到！

弹幕2：主播，我能下单5个吗？数量有限制吗？

主播：家人们，活动火爆进行中，为了让更多家人享受到福利，目前一人最多只能下单2个哈，还请多担待！

…………

弹幕3：主播，包包还剩多少个？

主播：家人们，我刚才又看了眼后台，胸包只剩不到200个了！家人们真给力！

3. 观众担心收纳空间不够怎么做？

弹幕1：这个胸包看起来不是很大，能装多少东西啊？

弹幕2：能装下平板电脑吗？

弹幕3：能装下课本吗？

主播：家人们，这款胸包的收纳能力还是很强的，眼镜、口红、口罩、手机、充电宝、平板电脑统统可以装得下，至于课本，大家可以看一下直播间右上角的尺寸信息图，对比一下大家课本的实际尺寸哈，一般的课本是肯定可以装得下的！

第 9 章 ▶ 催单三对：时机对，方式对，节奏对

主播：这款胸包不仅里面能装，外面也很"能装"。胸包这种单品，其实对日常穿搭的修饰作用非常强！一件短袖搭配牛仔裤可能很普通，但若是再加一个潮流胸包，立马层次感拉满！

…………

主播：好了家人们，虽然活动还有4分钟才结束，但是胸包已经卖完了，所以我们的活动也就到此结束了哦！没有买到的家人们也别急，明天主播还会推荐更多好物！

⚠ 【关键过错不要犯】

1. 主播要注意催单的阶段性，在不同阶段要采用不同的催单技巧，不要千篇一律，这样不仅让观众觉得主播不专业，还会让观众质疑活动的真实性。

2. 在限时秒杀活动开始前，主播要合理预估观众的下单数量，根据库存设置合理的时限，不要让活动太快结束，也不要把活动时间拖得太长。

3. 主播在发布与介绍活动时，也不要忘了介绍胸包，介绍时要突出胸包的优势，体现出其本身的价值。

▶▶ 9.3 节奏对：注意节奏

9.3.1 时间性催单

1. 限时××分钟

主播可以通过设定一个较短的时间段进行促销，给观众一种紧迫感，让观众觉得如果不在这个时间内下单，就会错过优惠或者商品。主播可以在这个时间段

内，多次提醒观众还剩多少时间，以及商品的优点和价格。示例如下。

主播：家人们！你们看到的这款羽绒服原价6××元，今天活动价只要4××元，还包邮哦！这么划算的价格，你们可不能错过！

主播：但是这个活动只持续20分钟哦，是限时的，只要您在活动期间下单，就可以带走这件爆款羽绒服！

2. 仅剩××分钟

主播在优惠活动快要结束的时候，用更加强烈的语气，来激发观众的购买欲，让他们觉得如果不立刻下单，就会失去最后的机会。示例如下。

主播：家人们，这款篮球鞋已经连续打折一个星期了，销量也非常好，但是直播间实力有限，确实无法支持再继续打折下去了，所以，本场直播做完，这款篮球鞋就要恢复原价了！

主播：本场直播还剩30分钟，也就是说，还有30分钟，这款一直卖2××元的篮球鞋，就要恢复3××元的原价了！

主播：考虑到后续这双鞋不打折了，所以今天我们还特意开启了买一送一的活动，下单篮球鞋送纯棉袜子，主播只能做到这个程度了！现在还剩25分钟，想要的家人抓紧了！

9.3.2　阶段性催单

1. 产品介绍阶段催单

在产品介绍阶段，主播应详细地展示产品的特点和优势，解答观众的疑问和顾虑，增加他们的购买信心，促使他们下单。示例如下。

主播：亲们，看我手上这双鞋子，是不是很好看？这是我们今天的爆款，是××品牌的正品，质量非常好，鞋底很软，鞋面很透气，穿起来很舒服，不会磨脚，不会臭脚，而且防滑，适合各种场合穿。这双鞋子的原价是3××元，现在只要1××元，还包邮，真的是太划算了，赶紧下单吧！

主播：亲们，如果你们有什么问题或者疑虑，可以随时发弹幕留言，我会尽量回复你们的。你们也可以联系我们的客服人员，他们会给你们提供更多的服务和咨询，让你们买得放心、买得开心。

在这个阶段，主播要从多个角度和细节展示产品的外观和功能，比如颜色、材质、尺寸、细节等，让观众更全面地了解产品；从多个方面和层次说明产品的价值和好处，比如品牌、质量、搭配、风格等，让观众感受到产品的独特性和优越性；从多个维度和途径回答观众的问题和疑虑，比如直接回复、客服回复等，让观众感受到主播的专业性和诚信。

2. 促销活动阶段催单

在促销活动阶段，主播要利用各种促销手段和策略，激发观众的购买意愿，让他们觉得错过了就会后悔，增加他们的下单意愿和频率。示例如下。

主播：家人们，你们看屏幕上的倒计时，还有10分钟，7折福利活动就要结束了，这些好货就要跟你们说再见了，你们还在犹豫什么呢？

主播：宝贝们，今天只要在直播间下单就可以使用优惠券，每满100元减10元，最高可以减50元。还等什么呢？快去领取优惠券吧！数量有限，先到先得哦！

主播：家人们！目前直播间开启了抽奖活动，下单即可参与抽奖！中奖率百分之百，只有奖品等级的差别！有现金红包、有精美礼品，甚至还有免单机会！你们还不快来试试运气吗？说不定您就是下一个幸运儿。

在这个阶段，主播要利用限时、限量、限额等条件，制造紧迫感和稀缺感，比如倒计时、抢购、秒杀、满减、满赠等；利用折扣、优惠券、红包等奖励，制造优惠感和实惠感，比如打折、满减、返购物红包、抽奖等；利用互动、竞争、合作等方式，制造参与感和归属感，比如答题、砍价、拼团、送礼等。

3. 直播结束阶段催单

在直播结束阶段，主播要进行最后的催单，并对整场直播进行回顾，感谢观众的支持和参与，给观众留下深刻的印象，增加他们复购和转介绍的可能性。示例如下。

主播：家人们，今天的直播就要结束了，非常感谢你们的支持和参与，你们是我最好的朋友，我爱你们。如果你们还有什么想买的，就赶紧下单吧，不然就来不及了，这些好货可不等人哦。

主播：宝贝们，如果你们喜欢我的直播，就请关注我的直播间和社交账号，我会定期更新我的穿搭心得，还会准备更多的优惠活动等着你们，你们不要错过哦。

主播：小可爱们，下次直播的时间是明天晚上8点，我会给你们带来更多的新品和惊喜，你们一定要来看看哦，我在这里等你们。我们明天见，拜拜。

在这个阶段，主播要回顾直播的内容和亮点，重点推荐一些热销和优惠的产品，提醒观众抓住最后的机会，不要错过好货，同时，要告诉观众下次直播的时间和内容，吸引他们再次观看，增加他们的黏性和忠诚度。

9.3.3 针对性催单

1. 针对第一次活动催单

当直播间第一次进行活动时，主播需要利用第一次活动的新鲜感和吸引力，让观众感受到活动的独特性和优惠性，增加他们的参与度和购买度。示例如下。

主播：家人们，千呼万唤始出来！我们的直播间即将开启第一次促销活动啦！届时我们将邀请一名神秘嘉宾，为直播活动助阵！你们一定要来看看哦，具体的时间是明天晚上8点，我们不见不散哦！

主播：家人们，直播间的首次促销活动已经开始了，第一个福利就是限量秒杀！我手中这款××家的包包，限量100个半价秒杀！只有100个，你们要抢到手哦。限量秒杀活动一般是不会有的，只有参与我们首次促销活动的家人才可以享受！

主播：家人们，注意了，咱们直播间也开始做促销活动了！这还是年度第一次，千万不要错过了。活动一直持续5天，活动期间，直播间所有鞋类的价格全部打8折哦！

针对第一次活动，主播可以提前进行宣传和预热，告知观众第一次活动的时间和内容，激发他们的好奇心和期待心，让他们提前做好准备，不要错过活动。另外，主播要通过直播流程设计制造惊喜，突出第一次活动的特色和亮点，利用奖励和优惠，给予第一次活动的参与者一些额外的福利。

2. 针对最后一次活动催单

当进行最后一次活动时，主播需要利用最后一次活动的紧迫感和稀缺感，让观众感受到活动的难得和珍贵，增加他们的下单速度和频率。示例如下。

主播：家人们，你们看屏幕上的倒计时，还有5分钟，我们的最后一次活动就要结束了，这是我们今天的最后一场，也是我们的压轴大戏。你们一定要抓住机会哦，不然就来不及了，赶紧下单吧。

主播：宝贝们，你们看，直播间主打的休闲裤销量已经破万了，这都是最近做活动的结果，但是活动已经进行了一星期了，这是短期内最后一次活动了！有很多观众已经下单了，他们都说很满意。你们还在等什么呢？赶紧下手吧，这次活动结束后，休闲裤就要恢复原价了！

主播：家人们，这次是我们年度的最后一次活动，优惠力度是非常大的。目前，在直播间下单，您还可以继续享受我们的最低价，比平时便宜了一半。活动还会持续两天，做完这次活动，后面应该没有这么大优惠力度的活动了！

针对最后一次活动，主播可以设置倒计时提醒，告知观众最后一次活动的剩余时间，制造一种时间上的紧张感。另外，主播还可以通过顾客晒单、价格对比、库存提醒等方法与技巧，制造产品的抢手感，让观众觉得在活动期间下单是十分划算的。

3. 针对特殊产品催单

主播有时候需要针对一些特殊的产品，进行有针对性的催单，比如高价、高端、高科技含量的产品，让观众感受到直播间产品的高品质，增加他们的购买信心和认可度。示例如下。

主播：家人们，这件衣服可是我们今天的特殊产品，是××品牌的，它是国际知名品牌，出品的衣服都采用了非常高端的面料，并且是由极有经验的工艺人使用十分精细的工艺制作的，你们买了绝对不会后悔。

主播：宝贝们，今天推荐的这款帽子是由国内著名时尚设计师××设计的。他设计的帽子都具有独特的风格和创意，每顶帖子上面还有他的亲笔签名。直播间仅有200顶，这种机会很难得，真正可以称得上买到就是赚到！

主播：家人们，我手里这款鞋是××品牌和×××系列赛事联名推出的限定款！一次只出×千双货！直播间也只拿到了×百双，待会儿原价给到家人们，关注××品牌或是×××系列赛事的家人们，这个真的是必买的！

针对特殊产品，主播可以通过出示鉴定证书来保障产品的质量，让观众感受到产品的可靠。另外，主播还可以利用名人效应，比如邀请一些专业的设计师、匠人、达人等为直播间助力，吸引观众下单。

9.4 语句示范：催单经典语句

9.4.1 催单时机选择经典语句

【经典语句1】

福利不是天天有，该出手时就出手。别人出手您留手，变美路上被挤走！

【经典语句2】

五分钟，只剩五分钟了！时间一到优惠跑掉！

【经典语句3】

秒杀倒计时，抢购正当时！

9.4.2 催单方式选择经典语句

📖 **【经典语句1】**

人人都说好,质量差不了。衣服要穿好,下单要趁早!

📖 **【经典语句2】**

机会是个宝,错过不好找。机会是个财,错过不再来!

📖 **【经典语句3】**

主播口才虽一般,优惠福利不一般!

▷ 9.5 句式总结:催单经典句式模板

9.5.1 催单时机选择经典句式

1. 直播间的_____(对观众爱称)们,_____(某种福利活动)已经开始啦!还没下单的,赶紧下单了。直播间很少做活动,下次是哪次,改天是哪天?一次错过,次次错过!

2. _____(对观众爱称)们!我刚才看了下后台,咱们的_____(直播推荐的某款服装/鞋帽/箱包)只剩_____(数量)件了,我估计还有_____(时间)分钟就要卖完啦!还没有下单的_____(对观众爱称),真的要赶快了!

3. _____(对观众爱称)们,你们看到屏幕上的倒计时了吗?还有最后的

_____（时间）分钟，我们这次的活动就要结束了。现在还有最后的_____（数量）件_____（产品名称），如果您喜欢就赶紧下单吧！不要再犹豫了，这个价格您再也遇不到了。如果您心动了，就点击屏幕下方的_____（购物车链接编号）号链接购买吧！

9.5.2 催单方式选择经典句式

1. _____（对观众爱称）们，我们这次_____（品牌简称）活动的优惠力度是目前最大的了，现在拍能省_____（具体数额）元钱呢。而且主播我啊今天还给大家再额外赠送一个价值_____（具体数额）元的赠品，这个赠品也非常好用。喜欢的_____（对观众爱称）直接拍！

2. 这次我们的_____（直播推荐的某款服装／鞋帽／箱包）只限量销售_____（数量）件，库存实在是紧张，_____（数量）件卖完了，就再也不卖了！我不是吓唬大家，有喜欢的_____（对观众爱称）们，该出手时就出手啊！

3. 今天是我们_____（直播推荐的某款服装／鞋帽／箱包）最后一次打折，我估计一段时间内都不会再有这样大力度的折扣了。我也不强求大家，喜欢的自然会去买，因为这次不买，很快就要恢复原价了！只要喜欢，只要心动，_____（购物车链接编号）号链接闭眼拍就完了！

第 10 章

结尾三式：
促单式，感恩式，预告式

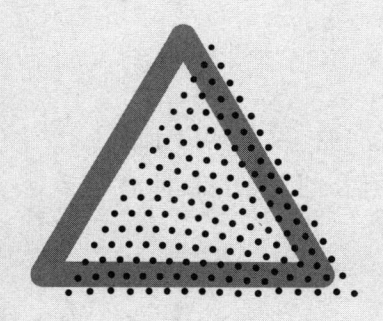

10.1 促单式结尾

10.1.1 情景54：最后一批

【痛点痒点这样抓】

1. 询问最后一批产品情况：这是最后一批货了吗？还有多少件啊？什么时候补货啊？

2. 担心错过机会：这件卫衣好好看啊，我想要，但是我还没下单呢，会不会被抢光啊？

3. 犹豫不决：这件卫衣的颜色和款式都很好，但是我不知道该选哪个色，您能帮我推荐一下吗？

某时尚服饰直播间正在进行特卖大促活动。活动即将结束，主播小金拿着一件时尚卫衣准备向观众做最后的推荐。时尚卫衣是很多年轻人和潮流爱好者都会买的服装，小金为了激发直播间观众的购买欲，带动直播间的销量，在最后一批货卖出前，特意进行了促单宣传。

【应答问题这样想】

1. 观众询问最后一批产品情况怎么办？

询问最后一批产品情况的观众，已经表现出较为明显的兴趣，主播要抓住最后一批的"稀缺""抢手"等要点进行介绍，尽可能地使他们产生紧迫感和冲动感，促使他们立即下单。

2. 观众担心错过机会怎么办？

有些观众担心错过机会，说明其购买欲已经"爆棚"，主播要在宣传到一定

第 10 章 ▶ 结尾三式：促单式，感恩式，预告式

程度后，尽快打开销售通道。

3．观众犹豫不决怎么办？

犹豫不决的观众，可能在之前有过失败的购物经历，主播可以注重介绍一下时尚卫衣的颜色搭配和款式选择，并强调退换货的便捷性。

💬【互动催单这样讲】

1．观众询问最后一批产品情况怎么做？

弹幕1：这是最后一批货了吗？还有多少件啊？

主播：是的，家人们！这是今天最后的一次机会了，最后一批货只有200件哦，大家不要再犹豫了！

弹幕2：什么时候补货啊？

主播：下次补货时间还没确定，所以今天错过了，以后就难说了！

主播：这款时尚卫衣销量已经破万，好评如潮！家人们，考验手速的时候，马上就要到了！

2．观众担心错过机会怎么做？

弹幕：这么少，我不会抢不到吧？

主播：家人们，数量虽少，但是抢到就是赚到！这款卫衣是明星同款，非常时尚，无论你是上班还是出游，都能穿出自己的风格！

主播：当然了，家人们，要是实在抢不到，小金还给大家准备了别的福利！这款卫衣的"兄弟款"就在11号链接，同样的时尚、同样的性价比，也非常值得一试哦！

3．观众犹豫不决怎么做？

弹幕1：黑色和灰色我都很喜欢，我不知道该选哪个色，您能帮我推荐一下吗？

主播：家人们，这两个颜色都是非常百搭的颜色，不过我建议大家要是体形偏胖的话，就选黑色，比较显瘦；苗条的呢，就选灰色，更衬气质！

主播：而且这个卫衣的尺码设计也很合理，不是那种均码的，有S、M、L、XL四种，大家可以根据自己的身材来选择。如果您不确定，可以参考我们的尺

码表，或者咨询我们的客服，我们会给您最专业的建议！

弹幕2：还是有点怕买错啊！

主播：家人们，最后一批货了，真别犹豫了！买错了也不要紧，现在交通便利，退换货方便得很！如果您收到货后不满意，可以随时联系我们，我们会给您最满意的解决方案！

…………

【关键过错不要犯】

1. 主播要适时穿插最后一批活动的介绍，不要只宣传一次然后就不提了，但要注意控制频次，不断地吸引观众下单的同时，不要让观众感到厌烦。

2. 每次介绍时尚卫衣时，主播要及时展示卫衣的细节，不要只说不做，要让观众看到卫衣的质感，增加观众的信任感和购买欲。

3. 主播要准备"B计划"，当观众反映实在抢不到时，适时推荐别的卫衣产品，让观众选择，不要浪费促销带来的流量。

10.1.2 情景55：最后一款

【痛点痒点这样抓】

1. 询问产品剩余的款式：××款的棉拖鞋还有吗？还有红色的吗？

2. 担心产品的保暖效果：什么材质的啊？真保暖吗？不穿袜子会不会不舒服？

3. 质疑活动的真实性：真的只有最后一款了？明天没有了吗？还会补货吗？

某鞋类直播间正在进行冬季特惠活动，特惠销售的产品是一系列精品棉拖鞋。活动已近尾声，棉拖鞋所剩不多。主播小琴为了提高直播间的转化率，开启了"最后一款"特别活动，宣布直播间最后一款棉拖鞋打8折。

第 10 章　结尾三式：促单式，感恩式，预告式

【应答问题这样想】

1. 观众询问剩余的款式怎么办？

询问剩余款式的观众，可能对某些特定款式的棉拖鞋尤为喜欢，若还有这款棉拖鞋，主播要进行特别说明，表示"您喜欢的还有"；若已经没有这款棉拖鞋，主播要将其关注点转移到其他款式的棉拖鞋上。

2. 观众担心产品的保暖效果怎么办？

观众担心拖鞋的保暖效果，主播可以从拖鞋的材质、外观设计等角度出发，强调拖鞋的保暖能力。

3. 观众质疑活动的真实性怎么办？

若观众质疑活动的真实性，主播有多种处理方法，如主播可拿出一些证据，并通过后续表现对活动的真实性进行证明；主播可使用"激将法"，表示观众可以录音录像，主播完全不惧怀疑；主播可进行冷处理，不特别对活动的真实性进行解释。

【互动催单这样讲】

1. 观众询问剩余的款式怎么做？

弹幕1：××款的棉拖鞋还有吗？

弹幕2：还有红色的吗？

主播：家人们，今天只剩下最后一款商品了，刚好是直播间这位昵称为×××喜欢的××款棉拖鞋哦！不过只有黑色的了！真的很抱歉！

主播：为了表示歉意，家人们，剩下的这最后一款棉拖鞋，咱们8折出！

弹幕3：可惜啊！

主播：家人们，黑色的也不错哦，非常百搭！

2. 观众担心产品的保暖效果怎么做？

弹幕1：保暖效果怎么样啊？

弹幕2：可以不穿袜子直接穿吗？会不会不舒服？

主播：家人们，这款保暖棉拖鞋是专门为冬季设计的，采用了高品质的棉绒面料，柔软舒适，不穿袜子也能穿。

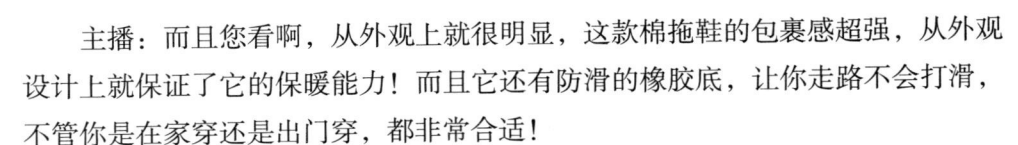

主播：而且您看啊，从外观上就很明显，这款棉拖鞋的包裹感超强，从外观设计上就保证了它的保暖能力！而且它还有防滑的橡胶底，让你走路不会打滑，不管你是在家穿还是出门穿，都非常合适！

3. 观众质疑活动真实性怎么做？

弹幕1：真是最后一款吗？

弹幕2：我不信，都是套路，明天说不定又是这个。

主播：家人们说哪里话，现在不管是国家还是平台，对我们直播带货的监管都很严格，被抓到虚假宣传，我们的麻烦可就大了，所以没人敢说假话！咱们也是入驻平台5年的老店了，信誉这块还没"翻过车"！

…………

【关键过错不要犯】

1. 主播要兼顾不同观众的心情，不要生硬地拒绝想购买其他款式的观众。

2. 主播不要忘记在介绍活动的过程中穿插对棉拖鞋本身品质的介绍，要用事实回答观众的问题，不要胡编乱造，睁眼说瞎话。

3. 面对观众的质疑，主播要稳住心态，沉着应对，切忌与观众进行没完没了的争辩。

10.1.3 情景56：最后一次

【痛点痒点这样抓】

1. 询问活动的具体内容：最后一次活动是什么时候啊？怎么参与啊？

2. 担心错过机会：下次活动是什么时候？库存足够吗？

3. 关注产品本身：这款加绒衬衫修身吗？保暖效果怎么样？可以贴身穿吗？

某服装直播间正在进行买一送一活动，买加绒衬衫送保暖手套。主播开播时便明确表示，这是短期内的最后一次优惠活动，以后加绒衬衫与手套都作为单品

第 10 章 ▶ 结尾三式：促单式，感恩式，预告式

分开销售。

🖥 **【应答问题这样想】**

1. 观众询问活动的具体内容怎么办？

观众询问活动的具体内容，说明对活动有一定兴趣，主播要借机将活动的规则说清楚，并在后续直播过程中反复强调。

2. 观众担心错过机会怎么办？

观众担心错过机会，说明其有非常强的购买欲望，同时也反映出观众对库存的担心。主播可对库存的充足情况进行强调，同时对活动参与的便利性进行强调。

3. 观众关注产品本身怎么办？

有些观众关注产品本身的质量、外观、做工等内容，说明这些观众比较理智，不会轻易因为活动而下单。主播想拿下这部分观众，就必须对加绒衬衫的款式、颜色、面料等方面进行全面的展示和详细的介绍，同时也要对赠送的保暖手套进行介绍。

💬 **【互动催单这样讲】**

1. 观众询问活动的具体内容怎么做？

弹幕1：有活动？买一送一？

弹幕2：送的啥啊？

主播：是的家人们，今天的活动是买一送一。大家下单我手上这款加绒衬衫，就送同品牌的保暖手套哦！

主播：短期内，这是最后一次买一送一活动了，仅限本场，仅限本场！以后，加绒衬衫和手套就分开销售了，没有这种福利了！

弹幕3：怎么参与啊？

主播：家人们，今天下单2号链接的产品才能参与活动哦！1号链接和3号链接是两件产品的单独链接，大家不要点！全部都点2号链接！一加一等于二，没毛病！

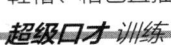

2. 观众担心错过机会怎么做？

弹幕1：还有别的活动吗？

弹幕2：库存足够吗？人很多啊，难抢！

主播：家人们，短期内真不会有其他活动了，咱们店做活动的次数比较少，因为平时就已经给到大家特别实惠的价格了！关于加绒衬衫的活动，真的是最后一次了！

主播：库存方面大家不用担心，非常充足，这件衬衫不是以后不卖了，是以后没有这种活动了！这次活动也没有任何门槛，不用担心抢不到，认准2号链接下单就行！

3. 观众关注产品本身怎么做？

弹幕1：这款加绒衬衫质量咋样啊？

弹幕2：对，质量才是王道！

弹幕3：贴身能穿不？会不会扎人？

主播：家人们，这款衬衫都卖这么久了，质量这方面真不用担心了，目前收到的观众都给到的是好评！这款衬衫加的绒是高密度亲肤绒毛，不扎人，可以贴身穿！它的表层柔软面料加里层加厚绒毛的设计，给您加倍温暖！另外，整体版型也是时尚修身的，挺括有型不塌领，让您时刻看起来精神饱满！

弹幕4：送的手套咋样，不是凑数的吧？

主播：家人们，手套和衬衫是同品牌的，都是××家的，都是大牌！这款手套不易褪色、不易起球，亲肤柔软加厚保暖，单买要××元！所以这次买一送一真的超值！

…………

【关键过错不要犯】

1. 主播不要忘记对买一送一活动中的赠品进行介绍，不要让观众感觉送的东西很廉价。

2. 主播要对活动的规则、活动的时效性等内容进行详细介绍，不要给观众造成困扰。

3. 主播说话不要过于绝对，像"最后一次""最后一批"等活动，最好加上"短期内""近期"等修饰词，以免后期因直播运营策略的调整再出活动，让观众觉得自己被欺骗了。

10.2 感恩式结尾

10.2.1 故事式感恩结尾

故事式感恩结尾是指主播在结尾时，用一个简短而有意义的故事来表达感恩的心情。这种结尾同时也能够引起观众的共鸣，增加亲和力。故事的内容可以是主播自己的经历，也可以是与本次直播相关的话题，或者是与观众有关的趣事，只要能够体现出主播的真诚和感激就可以。示例如下。

主播：今天的直播就要结束了，我想跟大家分享一个小故事。我刚开始做直播的时候，很多人都不看好我，说我不懂服装、不会搭配、不会说话，还有人说我长得不好看，让我赶紧"滚蛋"。

主播：我当时也很迷茫，不知道自己能不能坚持下去。但是就在我最困难的时候，有一位观众给了我很大的鼓励。他说他很喜欢我的直播，觉得我很有才华，也很有品位。他说他每天都会来看我的直播，支持我，希望我不要放弃。他的话让我很感动，也让我重新找回了信心。

主播：我想说的是，这位观众就是你们中的一员，你们就是我的动力，你们就是我的家人。我非常感谢你们，感谢你们的陪伴，感谢你们的支持，感谢你们的信任。没有你们，就没有我今天的成就。我爱你们，你们是我最宝贵的财富。

使用故事式感恩结尾时，主播要选择一个与直播内容或观众相关的故事，控制好故事的长度和细节，不能过长或过于复杂，要突出故事的寓意和感情。

10.2.2　段子式感恩结尾

段子式感恩结尾是指主播在结尾时，用一个幽默而有趣的段子来表达感谢的心情。这种结尾同时也能够调节气氛，增加娱乐性，让观众开心而难忘。段子的内容可以是主播自己的创作，也可以是从网络上搜集的，或者是与本次直播相关的，只要能够符合直播的主题就可以。示例如下。

主播：今天的直播就要结束了，我想跟大家说一个小段子。有一个人去买鞋子，他看中了一双很漂亮的鞋子，就问店员多少钱。店员说鞋子原价998元，现在打5折，只要499元。这个人说太贵了，只能买一只。店员便问他买哪只，这个人回答说买左脚的。店员很好奇，问他右脚怎么办，你们猜那人说啥？那个人说他右脚穿他老婆的鞋子。最后店员又问他，老婆的鞋子会不会太小了，没想到那个人说："没关系，我老婆的鞋子是我给她买的！"

主播：哈哈，跟大家说个小段子让大家开心一下，咱们直播间的鞋子，要不了998元，也不用499元。关注我，明天继续给大家推荐超有性价比的好鞋子！

使用段子式感恩结尾时，主播要选择一个与直播内容或观众有关联的段子，注意控制好段子的尺度，不能使用低俗笑话，否则会让观众感到尴尬或不适，影响直播间的形象。

10.2.3 致谢式感恩结尾

致谢式感恩结尾是指主播在结尾时，用一个正式而诚恳的致谢语来表达感谢的心情。这种结尾同时也能够展现主播的专业和礼貌。致谢的对象可以是观众，也可以是合作的品牌、团队或个人，或者是与本次直播有关的其他方面，只要能够体现出主播的感激和敬意就可以。示例如下。

主播：今天的直播就要结束了，我想在这里向所有的观众表示衷心的感谢。感谢你们的关注，感谢你们的参与，感谢你们的支持，感谢你们的选择。你们的每次点赞、评论、分享、下单，都是对我最大的鼓励和肯定。

主播：我也要感谢本次直播的合作品牌，他们持续、稳定地向我们提供高品质的羽绒服，让我们的直播间可以顺利运营。

主播：我还要感谢我的团队，他们在幕后默默地付出，在直播间后方提供了技术、物流、客服等方面的支持，让我能够顺利地完成这次直播。

主播：再次谢谢大家，明晚8点，不见不散！

使用致谢式感恩结尾时，主播要选择合适的致谢对象和致谢语，要注意控制好致谢的次数和频率，不能过于频繁，可以适当地加入一些总结或预告，不能只是单纯地说谢谢。

10.3 预告式结尾

10.3.1 场次预告式结尾

场次预告式结尾是指主播在结尾时，告诉观众下一次直播的时间、主题、内容等信息，让观众提前做好准备，以增加观看率和转化率。场次预告式结尾可以根据直播的频率和规律，选择合适的时间段和话术，例如每天、每周等。示例如下。

主播：好了，亲爱的朋友们，今天的直播就要结束了，感谢你们的陪伴和支持，相信大家今天都收获满满吧，今天没有买到合适的宝贝也没关系，明天晚上8点，我们将为你们带来春季新品，超多款式、超低价格、超高品质，让你们一站式打造春季新形象。

主播：明天的直播，你们千万不要错过哦，记得提前收藏、关注、分享直播间，让更多的朋友们一起来参与。那么，我们明天晚上8点见，拜拜！

使用场次预告式结尾时，主播要明确告知观众下一次直播的时间，要避免出现模糊或不确定的表达，例如"下次""下回""明天"等，要具体到日期和时刻，例如"明天晚上8点""4月15日中午12点"等。

另外，场次预告式结尾要突出下一次直播的主题和内容，吸引观众的兴趣和好奇心。同时，主播要引导观众进行互动和传播，增加直播间的曝光度和影响力，例如"记得提前收藏、关注、分享""邀请您的好友一起来看""留言告诉我您最期待的产品是什么"等。主播要用积极的语气和姿态，避免使用命令或强迫的方式。

10.3.2 优惠预告式结尾

优惠预告式结尾是指主播在结尾时,告诉观众下一次直播的优惠活动、折扣力度、赠品等信息,让观众感受到实惠,增加其购买欲。示例如下。

主播:亲爱的朋友们,今天的直播就要结束了,感谢你们的陪伴和支持!今天主播给大家送了不少福利,不过您以为这就结束了吗?远远没有!

主播:明天晚上7点,主播继续在直播间等待大家!明天的优惠更多、福利更多、惊喜更多!先给大家透露一点点,明晚只要大家在直播间下单,就可以领取满200减50的优惠券,无门槛使用、全场通用、不限次数、不限品类,让您买得更省、更开心!另外明晚还有买一送一、满减折扣等海量优惠哦!

主播:明晚7点,相约×××直播间,欢声笑语,满是惊喜!

使用优惠预告式结尾时,主播要提前说明部分优惠的具体形式,例如"满200减50"等,但又不要全部说出,以免届时缺少惊喜。另外,主播在描述优惠活动时,要对优惠力度和范围进行重点说明,激发观众的购买欲望,例如"无门槛使用""全场通用""不限次数""不限品类"等。

10.3.3 消息预告式结尾

消息预告式结尾是指主播在结尾时,告诉观众下一次直播的消息、动态、趣闻等信息,让观众感受到新鲜和趣味,增加他们的关注度和互动度。消息预告式结尾可以根据直播的风格和主题,选择合适的消息来源和话术,例如行业资讯、潮流趋势、新品信息、福利活动等。示例如下。

主播:家人们,主播今天就陪大家到这里了,还有十分钟,主播就要下播了,不过大家先别急着退出直播间,最后这十分钟,我要告诉大家一个好消息!

主播：明晚的直播，会提前一小时开始！大家务必注意，不再是晚上8点了，晚上7点就会开始！之所以提前一小时，是因为主播给大家请到了一位神秘嘉宾，他会在明天的直播中教大家如何穿搭！具体是谁我就不透漏了，大家可以关注我们的社交媒体账号，上面有线索！

主播：你们想知道明星的穿搭秘诀吗？你们想知道最新的潮流趋势吗？明晚7点，锁定直播间，我们不仅带给大家好看的衣服，还教大家超有用的穿搭知识！

使用消息预告式结尾时，主播要突出消息的价值和吸引力，激发观众的好奇心和期待感，要用生动的词语、激扬的语气。需要注意的是，主播传达的消息必须是真实的、确定的，不能将还未确定的消息传达给观众。

10.4 语句示范：直播结尾经典语句

10.4.1 促单式结尾经典语句

【经典语句1】

直播即将结束，优惠还没结束！还有十分钟，下单来得及！

【经典语句2】

时光飞逝，精彩不减。此刻正是丰收时分，错过今朝，何谈明日？朋友们，赶快下单，将这份喜悦与实惠一同收入囊中，留住美好，留住实惠！就在此刻，就在这里！

【经典语句3】

机会如流水,逝去不复返,商品千千万,良机不可失!

【经典语句4】

今日有单今日下,明日收货明日穿!优惠一去不复返,购物车里空悠悠!

【经典语句5】

赶上直播的末班车,抢到生活的大惊喜!不怕优惠拿得晚,就怕福利没收满!

10.4.2 感恩式结尾经典语句

【经典语句1】

感恩观众,是你们的支持,让我勇往直前;回馈观众,是你们的期待,让我更上一层楼。感恩观众,是你们的支持和关爱,让我在直播的道路上越走越远;回馈观众,我将用行动和真诚,为大家带来更多的实惠和快乐!

【经典语句2】

家人支持如春雨,润我心田开出花。家人热情如盛夏,暖我心窝乐无涯!

【经典语句3】

喝水不忘掘井人,饮水思源情永存。

【经典语句4】

你们是我最美好的回忆,你们是我最期待的未来。你们是我最真诚的敬意,你们是我最深情的告白。

【经典语句5】

观众朋友亲如一家，支持厚爱心中常挂。

10.5 句式总结：直播结尾句式模板

10.5.1 促单式结尾经典句式

1. 家人们，_____（主播昵称）要下播了，给大家放一首_____（歌曲名字），这首歌播放期间，家人们在直播间下单的所有产品，全都打_____（折扣力度）折！家人们，听完歌我就下播了，大家抓紧！同时呢，_____（主播昵称）提前祝大家睡个好觉、做个好梦！希望大家明天好好学习、好好工作，咱们明晚_____（开播时间）点再聚！

2. 刚才看了下，今天一共卖出了_____（数量）单，这都是直播间各位兄弟姐妹的功劳，我真的非常感谢大家！目前还差_____（数量）单就可以凑个整数了，还有_____（时间）分钟下播，兄弟们再冲一次好不好！给主播凑个整，讨个吉利！谢谢大家！

3. 家人们，_____（主播昵称）马上就要下播了，时间过得真快呀！大家很给力，_____（主播昵称）非常感谢大家。这样，最后这几分钟，_____（主播昵称）给大家送点福利好不好？大家只要在最后的时间内下单咱们的_____（推荐的产品的名称），就送一个_____（赠品名称），好不好？这种福利是纯随机的哦！今天有，明天不一定会有，喜欢的_____（对粉丝爱称）们赶紧去下单吧！

10.5.2 感恩式结尾经典句式

1. _____（主播昵称）感谢今天所有_____（对观众爱称）的真诚陪伴，不管您是长久陪伴还是随意一瞥，在_____（主播昵称）这里，恩情不分轻重，只要您来过，我都致以最最真诚的谢意！我为有像你们这样热情的朋友而骄傲！

2. 感谢各位_____（对观众爱称）的支持！今天_____（直播间简称）直播间一共收获了_____（点赞数量）个赞，新增粉丝团成员_____（粉丝数量）个，直播间一共卖出了_____（数量）单，超额完成了任务！我知道这都是大家的功劳，明天_____（开播时间）点继续开播，我给大家送福利！

3. 我知道，有很多家人从主播一开播就来了，一直陪着我，直到下播，比如_____（观众昵称）、_____（观众昵称），还有_____（观众昵称），真的非常感谢你们。当然了，其他来过直播间的朋友，我对你们也表示感谢！因为有你们的支持和鼓励，我才能更加自信地站在这里，为大家带来更好的直播内容，希望我们能够一直这样，共同成长和进步下去。谢谢大家！